Fabbri & Schuler
Kinderbücher · Jugendbücher

in der
Schuler Verlagsgesellschaft mbH,
München

Die englische Originalausgabe
erschien unter dem Titel
»The Life of Animals with Shells«
in der Reihe
»Introduction to Nature«

ISBN 3-7796-9525-1
© 1975 Macdonald and Co
(Publishers) Limited
© 1976 der deutschsprachigen
Ausgabe by Schuler Verlagsgesellschaft mbH, München
Satz: IBV Lichtsatz, Berlin
über Herstellungsbüro Gorbach, München
Druck und Bindung: Morrison and
Gibb Limited Edinburgh, Scotland
Printed in Great Britain

Vorwort

Inhalt

Die Tiere, die wir in diesem Buch näher kennenlernen wollen, gehören allesamt zu den Weichtieren oder Mollusken, wie die Zoologen sagen. Sie heißen so, weil sie einen weichen Körper ohne inneres Knochengerüst (Innenskelett) besitzen. Der Stamm der Weichtiere umfaßt die Schnecken, Muscheln, Tintenfische, Käferschnekken und eine Reihe von anderen Formen – insgesamt weit mehr als 100 000 einzelne Arten.

Als Ersatz für das fehlende Innenskelett tragen Weichtiere in der Regel ein Außenskelett in Form einer Schale. Die der Schnecken besteht aus einem Stück und ist meist spiralig gewunden. Bei den Muscheln ist die Schale zweiteilig. Die Käferschnecken tragen sogar acht Schalenplatten auf dem Rükken. Bei den Tintenfischen hingegen liegt die Schale, die man als Schulp bezeichnet, im Innern des Körpers.

Im vorliegenden Buch werden die verschiedenen Weichtierarten und -gruppen miteinander verglichen und die Lebensgewohnheiten dieser eigenartigen Tiere geschildert.

Der Anhang des Bandes enthält ein alphabetisches Verzeichnis der im Text verwendeten Fachausdrücke, eine Zusammenstellung interessanter Tatsachen und Zahlen sowie allerlei praktische Tips und Bastelanleitungen.

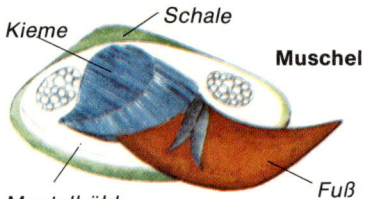

Kieme — *Schale*

Muschel

Mantelhöhle — *Fuß*

Die Muscheln oder Bivalvia haben eine harte zweiteilige Schale, die den weichen Körper bedeckt. Sie leben entweder im Salz- oder im Süßwasser. Ihre Schale kann stark gerippt oder glatt, bunt gefärbt oder einfarbig sein. Die meisten Muscheln ernähren sich mit Hilfe ihrer Kiemen.

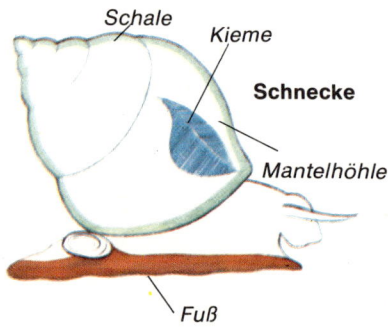

Schale — *Kieme*

Schnecke

Mantelhöhle

Fuß

Die Schnecken oder Gastropoden besitzen einen großen Kriechfuß und einen Kopf mit »Hörnern« (Tentakel) und Augen. Die meisten Schnecken haben ein spiralig gewundenes Gehäuse. Sie sind im offenen Meer, auf felsigen Küsten, auf dem festen Land oder im Süßwasser zu Hause.

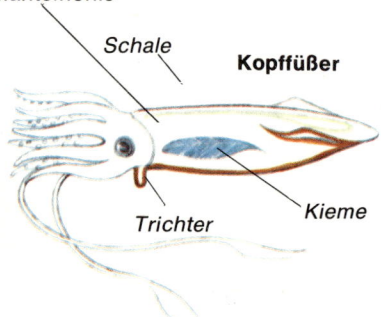

Mantelhöhle

Schale

Kopffüßer

Trichter — *Kieme*

Die Tintenfische und Kalmare haben eine Schale in ihrem Körperinnern. Kraken besitzen dagegen überhaupt keine Schalen. Die Kopffüßer haben einen Kopf mit Augen, Armen und Tentakeln, aber im Unterschied zu Muscheln und Schnecken fehlt ihnen der Fuß. Sie schwimmen, indem sie Wasser aus ihrem Trichter ausstoßen. Die Heimat aller Kopffüßer ist das Meer.

Was sind Weichtiere?

Weichtiere sind Lebewesen mit weichem Körper und ohne Wirbelsäule. Die meisten besitzen zu ihrem Schutz eine harte Schale.

Wirbellose

Die Weichtiere bilden die mannigfaltigste Gruppe der Wirbellosen, wie man die Tiere ohne Wirbelsäule nennt. Auf den ersten Blick läßt sich schwer feststellen, welche verwandtschaftlichen Beziehungen zwischen den verschiedenen Gruppen oder Klassen bestehen.

Wir unterscheiden sechs Gruppen von Weichtieren, die größtenteils eine harte Schale besitzen. Sie zeichnen sich durch eine sehr große Formenfülle aus und umfassen unter anderem die allbekannten Schnecken und Muscheln, die Tintenfische und Kraken.

Sechs Gruppen

Die bekanntesten Weichtiere sind die Schnecken oder Gastropoden. Die meisten Vertreter dieser Klasse besitzen einteilige Schalen oder Häuser, die entweder spiralförmig wie bei den Wellhorn- und Strandschnecken oder kuppelförmig wie bei den Napfschnecken sind.

Muscheln oder Bivalvia stellen die zweitgrößte Klasse dar. Alle Muscheln haben zweigeteilte Schalen, die durch einen oder zwei Muskeln zusammengehalten werden.

Die Kopffüßer oder Cephalopoden bilden die dritte bekannte Klasse. Dazu gehören die Tintenfische, die Kraken, die Kalmare und das Perlboot. Von all diesen Tieren hat nur das Perlboot eine äußere Schale.

Die anderen drei Klassen sind weniger bekannt. Die Grabfüßer oder Scaphopoden besitzen eine gebogene röhrenförmige Schale, die an beiden Enden offen ist. Die Käferschnecken haben Schalen, die aus mehreren Platten bestehen. Die Angehörigen der Klasse Monoplacophora haben kleine kappenförmige Schalen.

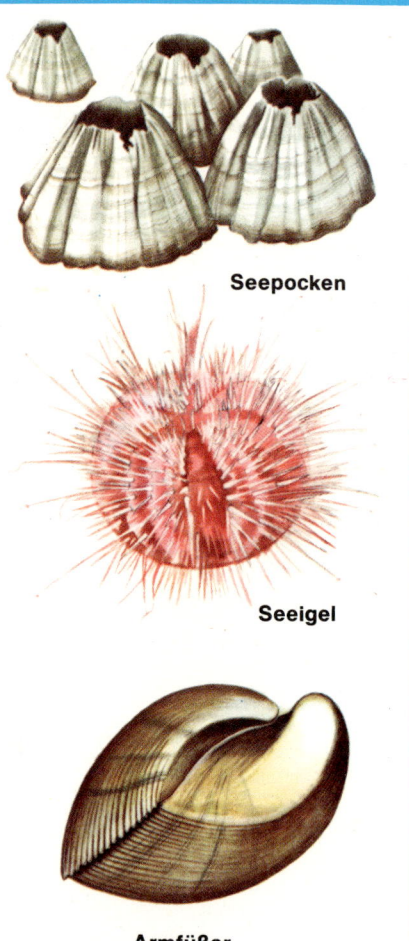

Seepocken

Seeigel

Armfüßer

Krabbe

Sechs Weichtiergruppen

Es gibt unter den Weichtieren sechs große Gruppen oder Klassen. Sie umfassen eine große Vielfalt von Tieren. Manche haben spiralig gewundene Gehäuse, andere aus zwei Teilen bestehende Schalen, und wieder andere sind schalenlos. Ihre Größenspanne reicht von den winzigen Schnecken bis zu den Riesenmuscheln und -kalmaren.

Gastropoden (Schnecken)

Der Name »Gastropode« bedeutet soviel wie »Magenfuß«. Die meisten Gastropoden haben einen großen flachen Fuß, einen Kopf sowie einen Eingeweidesack, der Magen, Eingeweide und Fortpflanzungsorgane enthält. Der Eingeweidesack ist entweder kappenförmig wie bei den Napfschnecken oder spiralig gewunden wie bei den Landschnecken. Wir unterscheiden bei den Schnecken drei Hauptgruppen: Zur ersten gehören die meisten marinen oder Meeresschnecken, die durch Kiemen atmen; die zweite Gruppe bilden die Meeresnacktkiemer und ihre Verwandten; die dritte Gruppe umfaßt die Landnacktschnecken sowie Land- und Süßwasserschnecken, die über Lungen verfügen.

Bivalvia (Muscheln)

Bei den Muscheln besteht die Schale aus zwei Teilen oder Klappen. Die beiden Klappen haben meist dieselbe Größe wie bei den Herz- und Scheidenmuscheln. Bei den Kammuscheln sind die beiden Klappen unterschiedlich. Die Scheidenmuschel ist sehr dünn und bricht leicht, während Herz- und Kammuscheln feste, harte Schalen besitzen. Die Muschelschalen weisen verschiedene Färbungen und Muster auf. Muscheln leben im Sand, setzen sich auf Steinen fest oder bohren sich in Felsen, Korallenstöcke oder Holz ein.

Cephalopoden (Kopffüßer)

Zu den Cephalopoden gehören die Kraken, die Kalmare, die Tintenfische und das Perlboot. Alle sind Meeresbewohner. Sie jagen ihre Beute und haben kräftige »Papageienschnäbel« und gutentwickelte Augen. Kopffüßer sind bekannt wegen ihrer langen Arme, die mit Saugnäpfen besetzt sind.

Scaphopoden (Grab- oder Kahnfüßer)

Die Scaphopoden haben ihren Namen von den griechischen Wörtern *skaphos* (Pflug) und *podos* (Fuß), denn ihr Fuß gleicht einem kleinen Pflug. Man nennt sie oft auch Elefantenzähne, weil sie den Stoßzähnen eines Dickhäuters ähneln. Scaphopoden haben weder Kiemen noch Kopf.

Polyplacophoren (Käferschnecken)

Bei den Käferschnecken besteht die Schale aus acht einzelnen Platten, die durch ein lederähnliches Gebilde, »Gürtel« genannt, zusammengehalten werden. Die Tiere haben einen großen Fuß und einen Kopf ohne Tentakel und Augen.

Monoplacophoren

Ihr einziger heute noch lebender Vertreter ist die Urschnecke Neopilina.

Weberkegelschnecke

Bänderschnecke

Nacktschnecke

Schlammschnecke

Herzmuschel

Große Kamm- oder Pilgermuschel

Scheidenmuschel

Kalmar

Perlboot

Elefantenzahn

Käferschnecke

Fossilien – Zeugen der Vergangenheit

Durch die Erforschung versteinerter Weichtiere erfahren die Wissenschaftler sehr viel über die Geschichte der Erde.

Wie Muschelfossilien entstehen

Wenn eine Kammuschel stirbt, sinkt sie zum Meeresboden ab. Ihr weicher Körper wird von Aasfressern vertilgt und ihre Schale sehr bald von Sand oder Schlamm zugedeckt. Dieses rasche »Begräbnis« schützt die Schale vor dem Zerfall und vor der Zerstörung durch die Wellenbewegung.

Die Sand- oder Schlammschichten nehmen zu und werden zusammengepreßt. Dabei verwandeln sich die Muschelschalen allmählich in Fossilien. Während dieses Vorgangs wird das Schalenmaterial durch das im Sand oder Schlamm enthaltene Wasser aufgelöst und durch andere Mineralstoffe ersetzt.

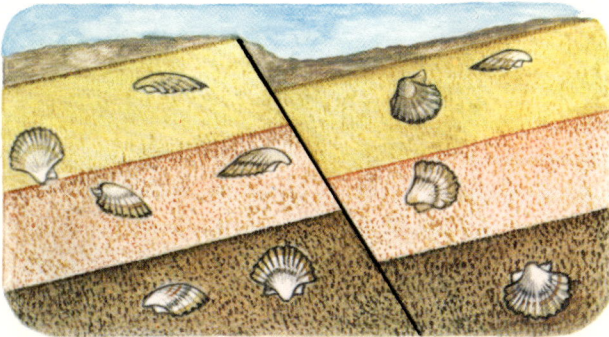

Im Laufe der Zeiten werden die zusammengepreßten Schichten in Felsgestein umgewandelt. Unter dem Einfluß von Erdbeben verändern diese Gesteinsschichten manchmal ihre Lage. Die Fossilien helfen den Wissenschaftlern, solche Schichten zu ermitteln, die sich zur gleichen Zeit gebildet haben.

Fossilierter Ammonit

Die Ammoniten sind ausgestorbene Kopffüßer. Sie besaßen eine gewundene äußere Schale mit vielen Kammern und lebten vor 350–65 Millionen Jahren. Ammoniten sind sehr wichtige Leitfossilien.

Monoplacophoren werden allgemein als urtümliche Weichtiere betrachtet. Früher glaubte man, sie seien bereits vor 350 Millionen Jahren ausgestorben. Doch 1952 wurde vor der Küste Perus eine lebende Monoplacophore, die Urschnecke Neopilina, mit einer Dredsche aus der Tiefsee geborgen. Dieses Tier ähnelt in seiner Gestalt und seinen Muskeleindrücken sehr dem Fossil Pilina, das vor 400 Jahrmillionen lebte.

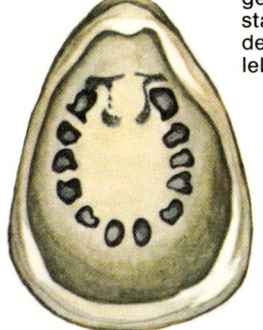

Pilina

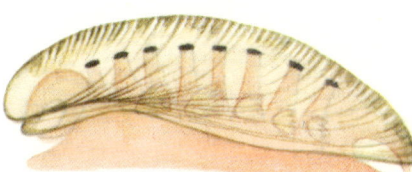

Neopilina

Was ist ein Fossil?

Fossilien sind auf natürliche Weise erhalten gebliebene Überreste von Pflanzen und Tieren, die vor vielen Millionen Jahren gelebt haben. Der Begriff »Fossil« stammt von dem lateinischen Wort *fossilis,* das soviel wie »ausgegraben« bedeutet.

Die wissenschaftliche Beschäftigung mit Fossilien bezeichnet man als Paläontologie. In den meisten Fällen stecken die Fossilien in Gesteinen, die sich aus Sand, Schlamm oder Lehm gebildet haben. Solche Gesteine heißen Sedimentgesteine.

Anhand von Fossilienfunden läßt sich die geologische und biologische Erdgeschichte rekonstruieren.

Weichtierfossilien

Weichtiere zählen zu den häufigsten Fossilien. Sie verraten uns einiges über die Klimaverhältnisse, die einst auf der Erde geherrscht haben. Manchmal findet man Fossilien von Weichtieren, die nachweislich nur in den Tropen leben können, in solchen Gebieten, die heute kalt sind. Das kann bedeuten, daß es dort früher viel wärmer war.

Ablagerungen von versteinerten Weichtieren deuten darauf hin, daß bestimmte Teile des heutigen Festlands einstmals von Meeren bedeckt waren.

Manche Weichtierfossilien kommen zwar in ausgedehnten Gebieten, aber nur in einer einzigen Gesteinsschicht vor. Diese Kategorie nennen wir Leitfossilien. Sie erfüllen einen bedeutenden praktischen Zweck, denn durch sie lassen sich Gesteinsformationen gleichen Alters, die in verschiedenen Regionen vorkommen, miteinander in Beziehung setzen. Das ist sehr wichtig für die genaue Erfassung von Gesteinen, die wertvolle Mineralien enthalten.

Eine Ansammlung lebender Muscheln

Aus der Körpergestalt der meisten Muscheln kann man ihre Lebensweise erschließen. Durch einen Vergleich mit dem Verhalten heute lebender Muscheln ist es den Paläontologen möglich, Rückschlüsse auf die Lebensgewohnheiten der fossilierten Muscheln zu ziehen, die derselben Familie angehören. Zuweilen werden versteinerte Muschelkolonien entdeckt, die uns zeigen, wie die Tiere einstmals gelebt haben.

Eine Ansammlung toter Weichtiere

Wenn Weichtiere sterben, werden ihre Schalen nicht immer begraben. Diese können auch an den Strand gespült und durch Sand- und Wellenbewegungen zerrieben und zerbrochen werden. Manchmal werden nach einem Sturm Schalen in großer Zahl angespült. Sie sinken ab und backen fest zusammen.

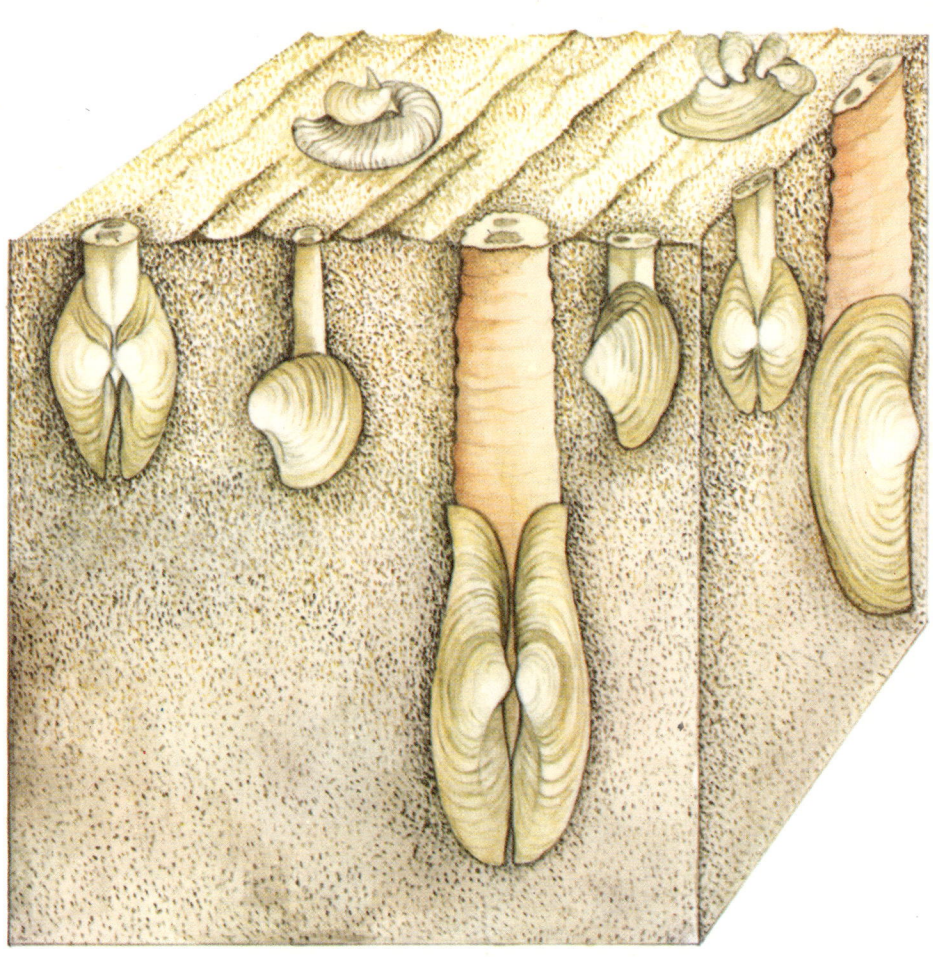

Der Weichtierkörper

Die Organe der Weichtiere erfüllen wichtige Funktionen.

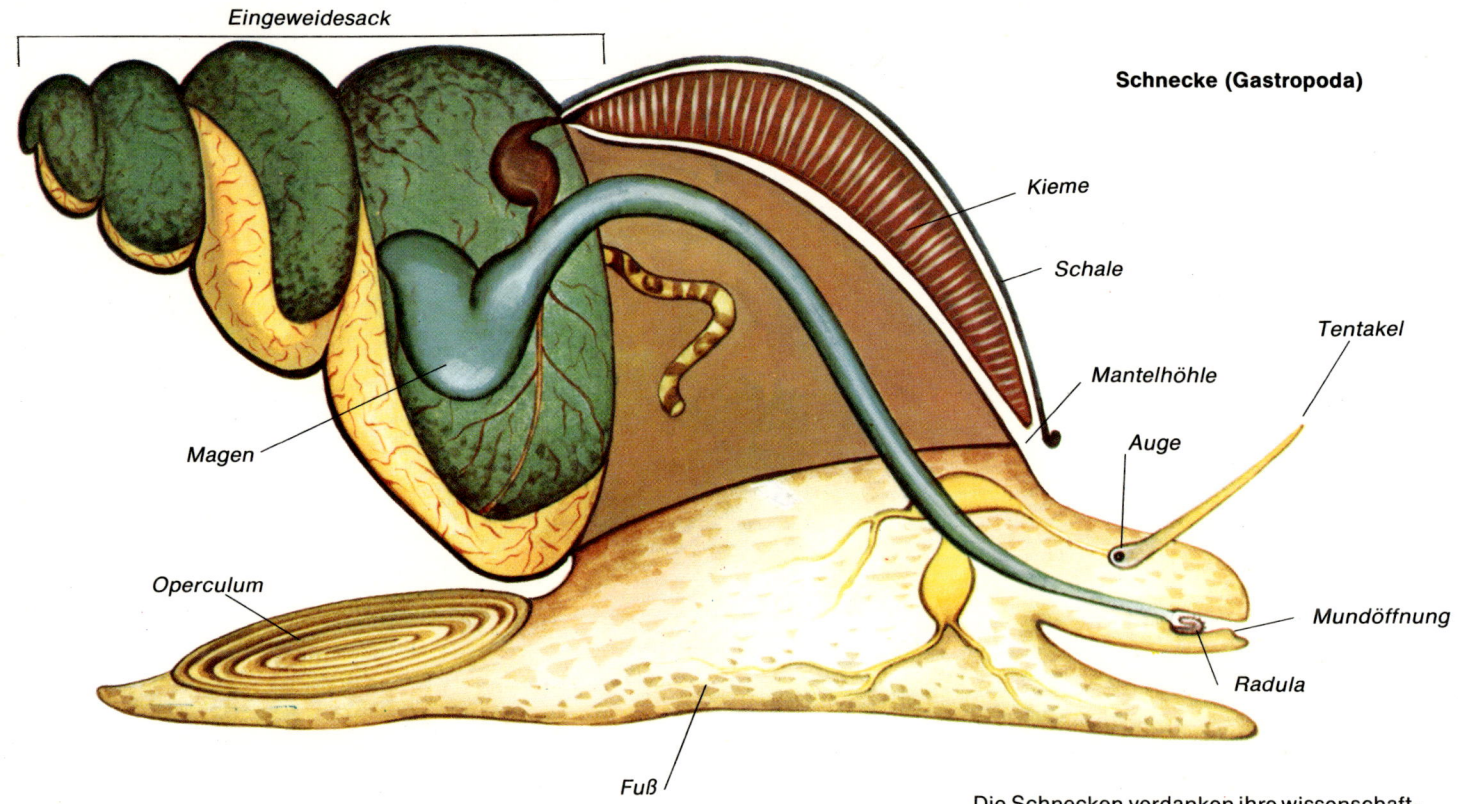

Eingeweidesack

Schnecke (Gastropoda)

Kieme

Schale

Tentakel

Mantelhöhle

Auge

Magen

Mundöffnung

Operculum

Radula

Fuß

Die Schnecken verdanken ihre wissenschaftliche Bezeichnung der Anordnung ihrer Weichteile: Das griechische Wort *gastro* bedeutet Magen, und *podos* ist der Fuß. Der Kopf hat gewöhnlich zwei Augen und Tentakel. Die meisten Schnecken nehmen ihre Nahrung mit einer zungenähnlichen Reibeplatte, der Radula, auf. In der Mantelhöhle steckt die Kieme, mit der das Tier atmet. Oberhalb des Fußes befindet sich der Eingeweidesack, der unter anderem den Magen enthält. Hinten trägt der Fuß das Operculum, mit dem die Schnecke die Mündung ihres Gehäuses verschließt, wenn sie ihren Körper ganz darin zurückzieht.

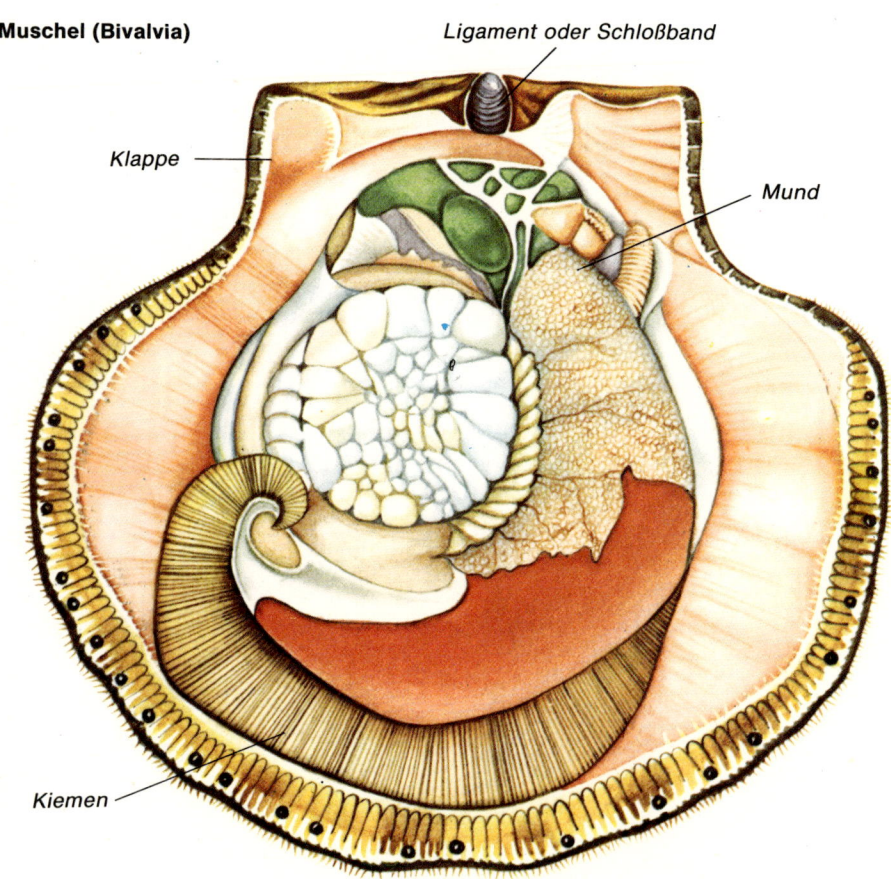

Muschel (Bivalvia)

Ligament oder Schloßband

Klappe

Mund

Kiemen

Der Name Bivalvia besagt, daß das Tier über zwei Schalen oder Klappen verfügt. Diese Klappen werden in der Regel durch ein starkes Scharnier zusammengehalten, das mit kleinen Zähnen und einem elastischen Band (Schloßband oder Ligament) versehen ist. Der Körper steckt zwischen den beiden Klappen. Muscheln haben keinen Kopf und Fuß, und die Nahrung wandert von den Kiemen in die Mundöffnung. Die Kammmuscheln besitzen einen starken Adduktor-Muskel zum Öffnen und Schließen der Klappen. Ihr Fuß ist sehr klein und wird nicht zur Fortbewegung benutzt, da das Tier sich vor allem durch Schläge mit den Klappen schwimmend fortbewegt.

**Elefantenzahn
(Scaphopoda)**

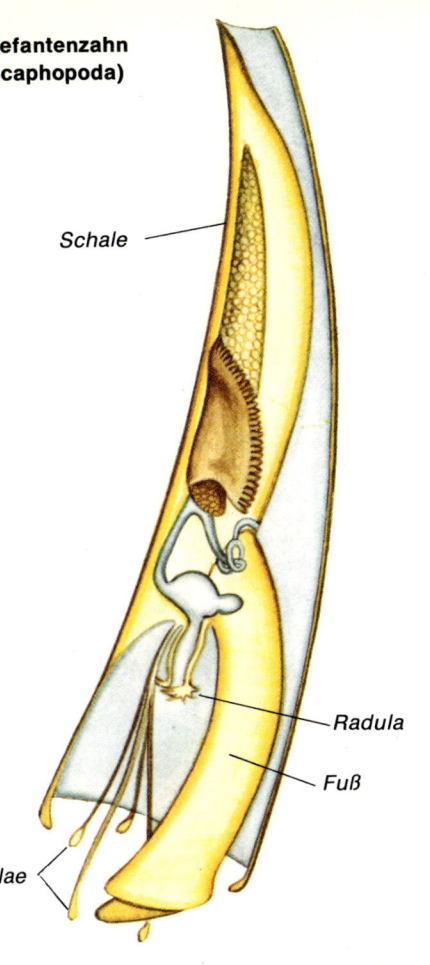

Schale

Radula

Fuß

Captaculae

Die Elefantenzähne (Scaphopoden oder Grabfüßer) haben die Gestalt einer an beiden Enden offenen Röhre. Sie ist leicht gebogen und am unteren Ende, wo der Fuß sitzt, am weitesten. Diese Tiere haben keinen Kopf. Sie nehmen ihre Nahrung mit den tentakelartigen Captaculae auf. Ihre Radula gleicht jener der Schnecken. Elefantenzähne leben auf dem Meeresboden im Sand oder Schlamm.

Im Innern der Schale

Der Körper der meisten Weichtiere besteht aus drei Teilen: Kopf, Eingeweidesack und Fuß. Der Eingeweidesack enthält den Magen, die Därme und die Fortpflanzungsorgane.

Alle Weichtiere besitzen eine dünne Gewebeschicht, welche die weichen Teile des Körpers bedeckt. Diese Schicht wird als Mantel bezeichnet. Die Kiemen oder Atmungsorgane liegen in der Mantelhöhle. Der Mantel hat die Aufgabe, die Schale zu bilden.

Die meisten Weichtiere haben einen Kopf mit einer Mundöffnung. Im Mund befindet sich im allgemeinen die Radula, eine Reibeplatte, die wie eine lange Zunge aussieht. Sie ist oft mit Reihen winziger Zähnchen besetzt. Nur die Muscheln haben keine Radula.

Fortbewegung und Atmung

Käferschnecken und Schnecken besitzen einen flachen muskulösen Fuß, mit dem sie umherkriechen. Die Grabfüßer und viele Muscheln verfügen dagegen über einen Fuß, der zum Graben verwendet wird.

Viele Muscheln besitzen zwei Siphonen (Röhren). Ein Sipho dient dazu, Wasser über die Kiemen einzusaugen, durch den zweiten werden Abfallstoffe ausgeschieden.

Bei den Kopffüßern ist der Mantel teilweise zu einem Trichter zusammengefaltet. Durch den Wasserausstoß aus dem Trichter entsteht ein Rückstoß, der dem Tier als Antrieb dient.

Kopffüßer haben von allen Wirbellosen das am höchsten entwickelte Nervensystem. Sie besitzen leistungsfähige Augen und ein zentrales Gehirn. Die Käferschnecken und Grabfüßer verfügen hingegen nur über ein einfaches Nervensystem.

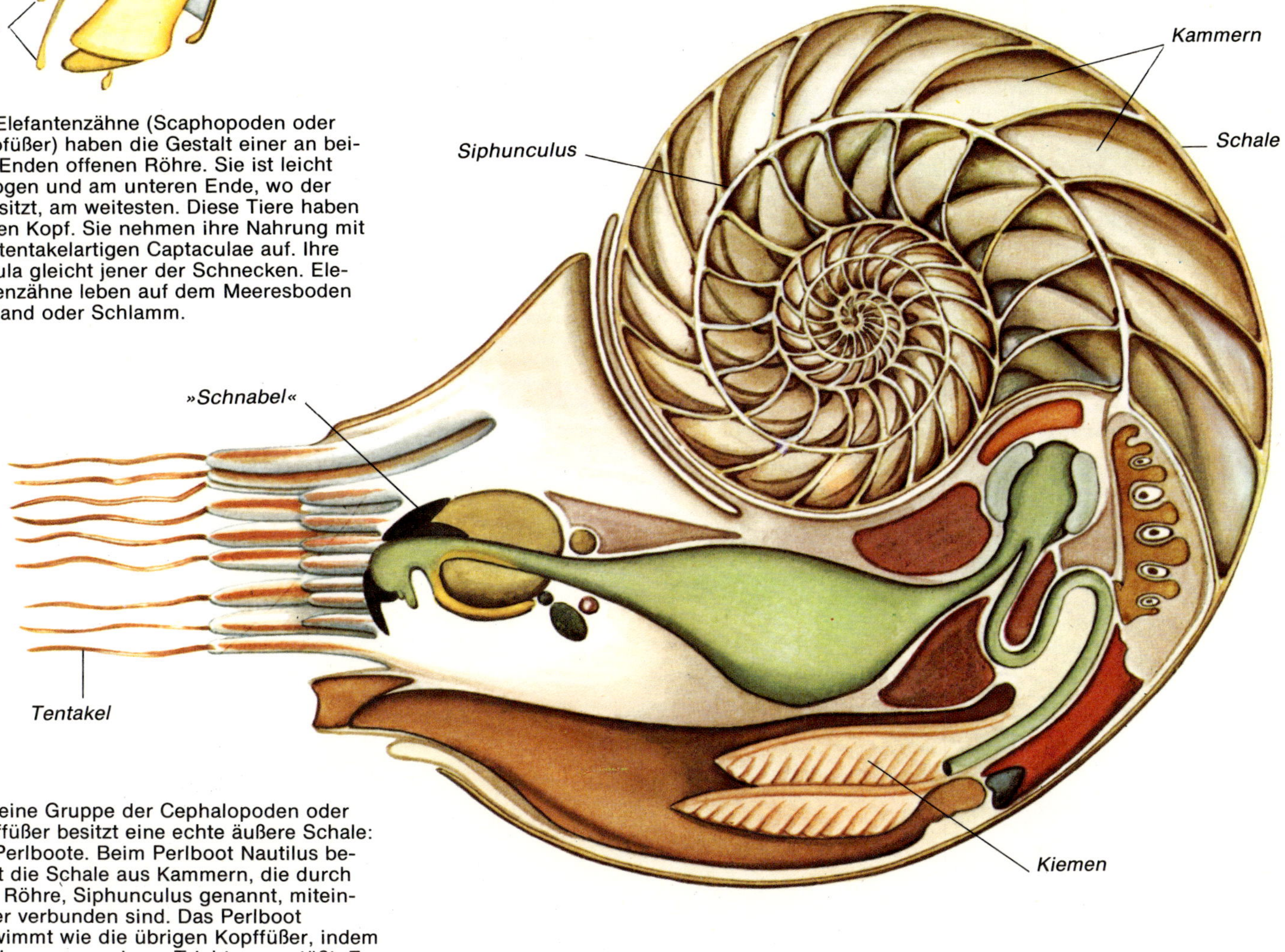

Kammern

Schale

Siphunculus

»Schnabel«

Tentakel

Kiemen

Nur eine Gruppe der Cephalopoden oder Kopffüßer besitzt eine echte äußere Schale: die Perlboote. Beim Perlboot Nautilus besteht die Schale aus Kammern, die durch eine Röhre, Siphunculus genannt, miteinander verbunden sind. Das Perlboot schwimmt wie die übrigen Kopffüßer, indem es Wasser aus seinem Trichter ausstößt. Es atmet durch Kiemen.

Perlboot (Cephalopoda)

Nahrungsaufnahme und Atmungsorgane

Weichtiere fressen und atmen auf sehr unterschiedliche Weise.

Strandschnecke

Alle Schnecken, Käferschnecken, Grabfüßer und Kopffüßer haben eine Radula. Das ist ein gerolltes zungenartiges Gebilde im Mund. Auf der Radula sitzen in Reihen angeordnete winzige Zähnchen, die je nach der Ernährungsweise des Tiers von unterschiedlicher Form und Größe sind. Die Gestalt der Radulazähne ist für die Zoologen ein wichtiges Merkmal zur Bestimmung der Schnecken.

Stark vergrößerte Radula einer Strandschnecke

Muscheln, wie etwa die Miesmuscheln, sind durchweg Filtrierer. Sie holen kleine Nahrungspartikel aus dem Wasser, in dem sie leben. Das Wasser wird über die Kiemen eingesogen, wobei die Nahrungsstoffe herausgefiltert werden. Die Nahrung wird dann über haarähnliche Zilien, die sich wellenförmig bewegen, zur Mundöffnung befördert.

»Weidetiere«

Weichtiere ernähren sich auf höchst unterschiedliche Weise, weil sie verschiedenartige Nahrung zu sich nehmen. Manche Tiere raspeln winzige Pflanzenteilchen von Blättern oder Steinen ab. Zu dieser Gruppe gehören die Käferschnecken und viele echte Schnecken. Sie benutzen ihre zungenähnliche Radula zum »Abweiden« der Pflanzen.

Filtrierer

Eine zweite große Weichtiergruppe filtert oder »filtriert« ihre Nahrung aus dem Wasser. Das gilt für die meisten Muscheln und einige Schnecken. Diese Tiere holen mit Hilfe der Zilien (Wimpern) ihrer Kiemen mikroskopisch kleine Algen aus dem Wasser.

Räuber

Am mannigfaltigsten ist die Nahrungsaufnahme bei den räuberisch lebenden Weichtieren. Als Räuber bezeichnet man solche Tiere, die ihre Beute jagen. Zu dieser Gruppe zählen Grabfüßer, Kopffüßer und viele Schnecken.

Die eifrigsten Räuber unter den Weichtieren sind die Kopffüßer. Mit ihrem schnabelähnlichen Mund und ihrer kräftigen Radula verzehren sie kleine Fische und Krebstiere, die sie mit ihren Tentakeln oder »Armen« fangen.

Die Grabfüßer bewegen sich im sandigen Schlamm umher und erbeuten ihre Nahrung mit tentakelartigen Fangfäden. Mit Hilfe der kurzen Radula werden dann die Schalen der Beutetiere zerkleinert.

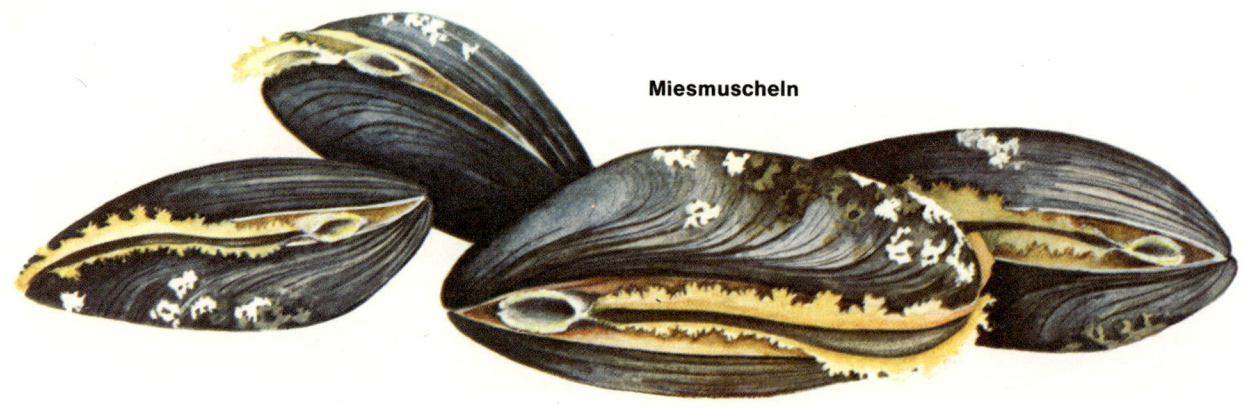

Miesmuscheln

Kiemen und Lungen

Weichtiere atmen im allgemeinen durch Kiemen oder Lungen. Die Kiemen dieser Tiere sind federähnliche Gebilde, die meist paarweise in der Mantelhöhle sitzen. Bei den Nacktkiemern oder Nudibranchia befinden sich die Kiemen auf dem Rücken, können jedoch schnell in die Mantelhöhle zurückgezogen werden. Der Sauerstoff wird mit den Kiemen direkt dem Wasser entnommen, in dem die Schnecken leben. Bei den landbewohnenden Nacktschnecken und Schnecken ist die Mantelhöhle mit Blutgefäßen ausgekleidet und arbeitet wie eine Lunge.

Landnacktschnecke

Flußschnecke

Nacktkiemer

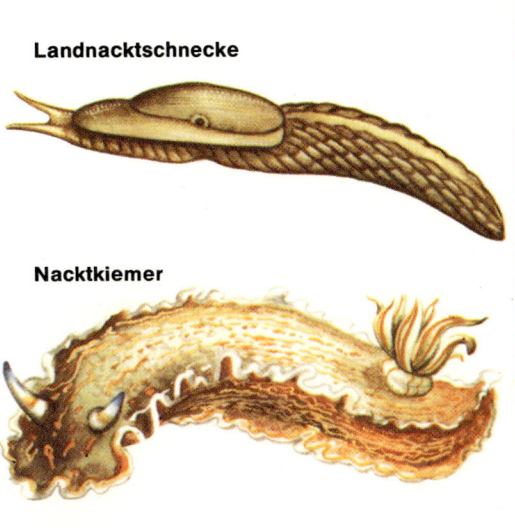

Atlantischer Austernbohrer

sog. Treppengiebelchen ↗ Lora turricula

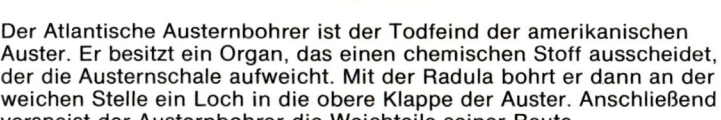

Der Atlantische Austernbohrer ist der Todfeind der amerikanischen Auster. Er besitzt ein Organ, das einen chemischen Stoff ausscheidet, der die Austernschale aufweicht. Mit der Radula bohrt er dann an der weichen Stelle ein Loch in die obere Klappe der Auster. Anschließend verspeist der Austernbohrer die Weichteile seiner Beute.

Die Landkarten-Kegelschnecke gehört zu den wenigen Kegelschnekkenarten, die Fische fressen. Wenn die Schnecke einen Fisch wittert, streckt sie ihren »Rüssel« vor und tastet die Umgebung nach ihrer Beute ab (1). Sobald der Rüssel den Fisch berührt, stößt die Schnecke einen harpunenartigen Radulazahn in ihr Opfer (2). Durch den hohlen Radulazahn wird dem Fisch ein tödliches Gift eingespritzt (3). Die Kegelschnecke zieht dann den Fisch mit ihrem Rüssel in die Mundöffnung und verschlingt ihn in einem Stück (4).

1

2

3

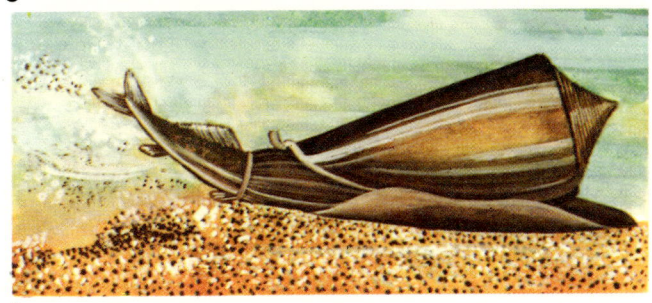
4

Fortpflanzung

Die meisten Weichtiere vermehren sich durch geschlechtliche Fortpflanzung.

Weinbergschnecken

Die meisten Landschnecken sind Hermaphroditen oder Zwitter, d. h., jedes Tier besitzt sowohl männliche als auch weibliche Fortpflanzungsorgane. Die großen Weinbergschnecken vollführen einen aufregenden Balztanz. Sie richten sich auf und pressen ihre Körper aneinander. Dann schießen sie sich gegenseitig ihren »Liebespfeil« in den Leib. Der »Liebespfeil« durchdringt den Körper und regt die Tiere zur Begattung an. Zur Befruchtung ihrer Eier tauschen sie ihren Samen aus. Jede Schnecke legt anschließend in einem Erdloch bis zu 50 Eier ab.

Beim Gemeinen Tintenfisch findet das »Liebesspiel« zu Beginn des Frühlings statt. Die paarungswilligen Weibchen steigen nachts in Schwärmen an die Meeresoberfläche, gefolgt von den Männchen. In der Paarungszeit sind die männlichen Tiere mit einem hellschimmernden Zebramuster gezeichnet. Wenn ein anderer Tintenfisch dieses Hochzeitsgewand nicht angelegt hat, nimmt das Männchen an, daß es sich um ein Weibchen handelt. Die beiden Tiere schwimmen Kopf an Kopf weiter, und das Männchen umfaßt das Weibchen mit seinen Armen. Anschließend überträgt es mit einem speziellen Arm, dem Hectocotylus, seinen Samen in die Begattungstasche des Weibchens.

Tintenfische

Meerohren oder Abalonen sind Meeresschnecken, die an felsigen Küsten unterhalb der Niedrigwasserlinie leben. Die Geschlechter sind getrennt. Sie laichen zweimal im Jahr: im Frühling und im Spätsommer. Der Laichvorgang wird wahrscheinlich durch eine Veränderung der Wassertemperatur ausgelöst. Die Meerohren geben ihre Eier oder Samen durch Schalenlöcher direkt ins Wasser ab. Kommen Eier und Samen zufällig zusammen, erfolgt die Befruchtung.

Rotes Meerohr

Formen der Begattung

Das Balz- und Paarungsverhalten der Weichtiere ist sehr vielgestaltig. Manche Tiere vollführen vor der Paarung ein kompliziertes Balzritual. Andere stoßen ihre Eier bzw. Samenzellen unmittelbar ins Wasser aus.

Befruchtung

Viele Weichtiere sind Zwitter oder Hermaphroditen. Das bedeutet, daß ein jedes Tier beide Geschlechter in sich vereinigt. Zwitter vereinfachen das Problem der Partnersuche, indem sie einander befruchten. Dadurch erhöhen sich die Überlebenschancen einer Art, weil alle Tiere imstande sind, Eier zu legen.

Manche Weichtiere machen eine Geschlechtsumwandlung durch. So wachsen bestimmte Napfschnecken als Männchen heran. Dann leben sie eine Zeitlang als Zwitter, bevor sie sich schließlich in reife weibliche Tiere verwandeln.

Bei der Mehrzahl der Weichtiere sind die Geschlechter getrennt. Käferschnecken, Grabfüßer, die meisten Muscheln und viele Schnecken geben ihre Eier oder Samenzellen direkt ins Wasser ab, wo sie dann befruchtet werden.

Bei den Kopffüßern findet die Befruchtung im Innern des Körpers statt. Während der Paarung überträgt das Männchen mit einem speziellen »Fortpflanzungsarm« (Hectocotylus) seine Samenkapseln in die Begattungstasche des Weibchens. Die Eier werden dann im Weibchen befruchtet.

Von einer englischen Süßwasserschneckenart weiß man, daß sie sich ohne Befruchtung fortpflanzt.

Weichtiereier

Amerikanische Riesenschnecke

Viele Schnecken und Kopffüßer umgeben ihre Eier mit einer Schutzschicht. Das kann eine zähe, lederartige Kapsel oder eine weiche, gallertartige Masse sein. Die Eier werden an einer geschützten Stelle abgelegt, an Seetang oder unter Steinen. Nur die Kopffüßer bewachen ihre Eier.

Die Eikapseln der Amerikanischen Riesenschnecke *Busycon canaliculatum* werden an einer langen Schnur abgelegt. In einer Kapsel können 100 Eier sein; aber bei weitem nicht aus allen schlüpfen Junge. Kleine oder schwache Embryonen werden von den kräftigeren jungen Schnecken aufgefressen. Die Kapseln weisen wenigstens eine dünne Stelle auf, an der die ausschlüpfende Schnecke durchbrechen kann. Junge Tulpenschnecken schlüpfen durch einen dünnen Deckel, der oben auf ihrer kegelförmigen Kapsel sitzt. Bei den Meeresnacktschnecken bilden die Eier ein gallertartiges Band.

Austernbohrer

Meeresnacktschnecke

Tulpenschnecke

Neritenschnecke

Wachstum und Entwicklung

Die meisten Weichtiere entstehen aus Eiern und machen ein Larvenstadium durch, ehe sie ihre endgültige Gestalt erreichen.

Eiertraube eines Kalmars

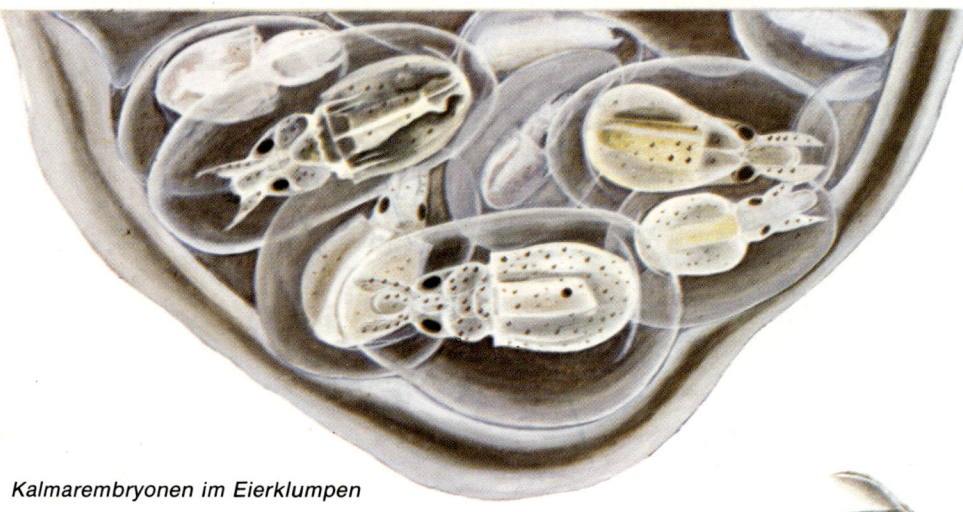

Kalmarembryonen im Eierklumpen

Bei den Kopffüßern werden die Eier im Körper des Weibchens befruchtet. Wenn es die befruchteten Eier ausstößt, sind diese jeweils mit einer gallertartigen Masse überzogen, die im Salzwasser hart wird. Das Weibchen bildet mehrere längliche Eiklumpen, die aus zehn oder mehr Kapseln bestehen, und befestigt sie mit den Armen an einem Felsen oder an Seetang. Im Gegensatz zu den Schnecken enthält jede Kapsel nur einen Embryo. Die gesamte Larvenentwicklung findet innerhalb der Eikapsel statt.

Soeben geschlüpfte Kalmare

Die Entwicklung der Amerikanischen Auster

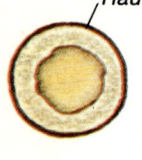

Häutchen

Zilien

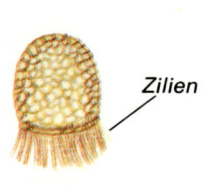

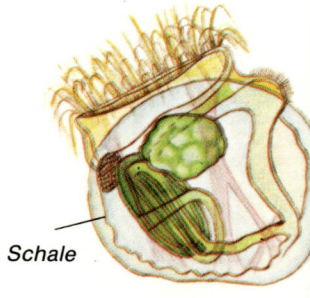

Schale

1　　**2**　　**3**　　**4**　　**5**　　**6**　　**7**

Die Eier der Amerikanischen Auster werden im Wasser befruchtet. Nach der Befruchtung bildet sich um die Eier ein Häutchen, und die Zellteilung beginnt (1). Auf einer Seite des Eies entwickeln sich etwa eine Stunde nach der Befruchtung zwei kleine Polkörper (2).

Die Polkörper deuten die Achse an, wo sich die Zelle teilt. Sie teilt sich zwei- und dann viermal (3, 4). Bei der fünften Teilung bzw. im 32-Zellen-Stadium bilden sich rings um den Boden des Embryos lange Zilien (5).

Ungefähr 10 Stunden nach der Befruchtung verschwinden die Polkörper, und der Embryo verwandelt sich in eine freischwimmende Trochophore. In diesem Stadium beginnen bestimmte Zellen mit der Ausbildung der inneren Organe (6). Jetzt setzt auch die Entwicklung der Schale ein (7).

Larven

Manche Weichtiere, z. B. die Landschnecken, besitzen nach dem Schlüpfen gleich ihre adulte (erwachsene) Gestalt. Doch zahlreiche Weichtiere durchlaufen zunächst ein Larven- oder Zwischenstadium, bevor sie die Gestalt des erwachsenen Tiers annehmen.

Entwicklung

Die verschiedenen Larventypen ergeben sich aus den unterschiedlichen Formen der Befruchtung. Eier, die im Wasser befruchtet wurden, verwandeln sich sehr schnell in freischwimmende Larven. Die Entwicklung beginnt sofort nach der Befruchtung des Eies durch den Samen. Bei der Eiteilung oder -furchung ordnen sich die Zellen zu einer Spirale an. Diese Zellen bilden Zilien aus und verwandeln sich bald in eine Schwimmlarve, die man als Trochophore bezeichnet. Das Trochophorenstadium kann drei oder vier Tage andauern und geht dann in das Veligerstadium über.

Während des Veligerstadiums bilden sich die Augen, die Tentakel, der Fuß und die erste Schale, die sogenannte Primärschale. Die Kopfregion ist von Gewebelappen umgeben, die von langen Zilien gesäumt sind und als Velum (Segel) bezeichnet werden. Der Veliger schwimmt, indem er das Velum bewegt und mit den Zilien schlägt.

Bei den meisten Schnecken findet im frühen Veligerstadium eine Torsion (Drehung) des Eingeweidesacks statt.

Während sich der Veliger weiterentwickelt, wächst der Fuß in die Länge, und das Velum wird abgeworfen. Der Veliger setzt sich dann irgendwo fest und nimmt die Gestalt des erwachsenen Tiers an.

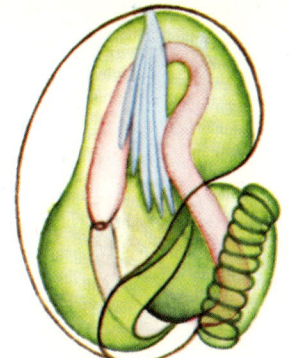
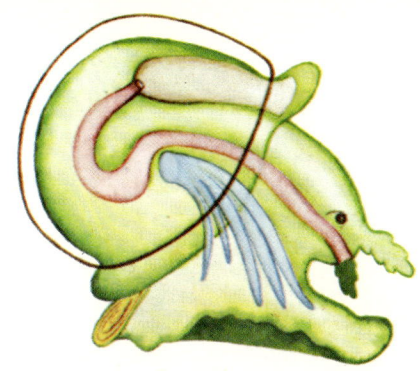

Die Torsion

Im frühen Veligerstadium öffnet sich bei allen Schnecken die Mantelhöhle über dem Hinterteil des Fußes. Das bedeutet, daß beim Zurückziehen des Körpers in die Schale zuerst der Fuß und dann erst der Kopf hereingeholt werden. Wenn der Veliger heranwächst, ziehen sich die Muskeln zusammen, die ihn mit der Schale verbinden. Dadurch wird der Körper so herumgedreht, daß sich die Mantelhöhle über dem Kopf öffnet. Auf diese Weise kann der Kopf vor dem Fuß in die Schale zurückgezogen werden. Gleichzeitig wandern die Kiemen und die Sinnesorgane zur Vorderseite der Mantelhöhle. Diesen Vorgang nennt man Torsion.

Altersbestimmung bei Weichtieren

Die Weichtiere vergrößern ihre Schale, indem sie am Mantelrand neues Schalenmaterial hinzufügen. Dadurch entstehen Wachstumsstreifen. Sie bilden sich, wenn das Tier die Produktion von Schalenmaterial vorübergehend einstellt. Veränderungen der Wasserhöhe oder -temperatur können die Ausbildung verschieden dicker Streifen bewirken. Die Zahl der Streifen läßt auf das Alter des Tieres schließen.

Tellmuschel

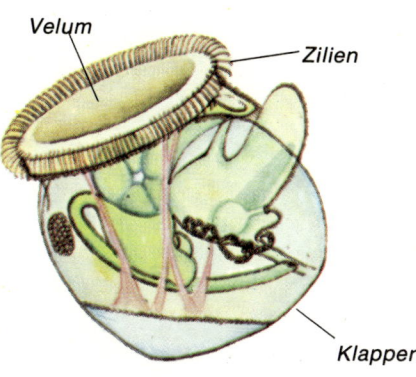

Velum — *Zilien* — *Klappen*

8

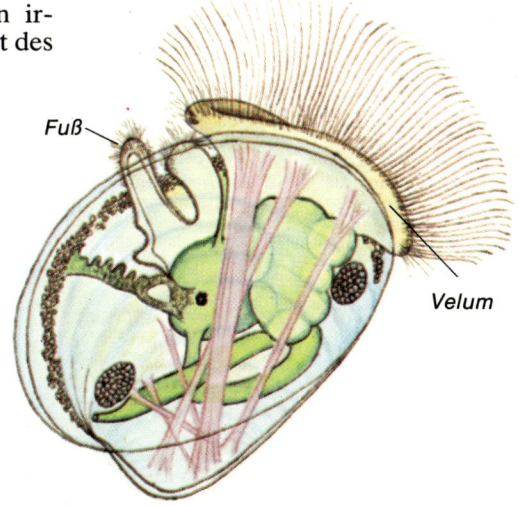

Fuß — *Velum*

9

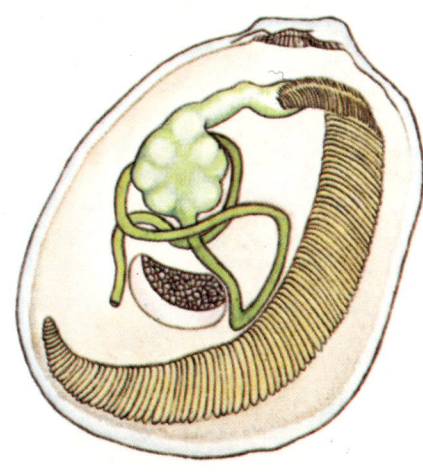

10

Innerhalb weniger Tage verwandelt sich die Trochophore in einen Veliger. Das Zilienband bildet das Velum, das zwischen den beiden Klappen nach oben weist. Der Veliger schwimmt, indem er das Velum bewegt und mit den Zilien schlägt (8).

Am Ende des Veligerstadiums sind Fuß und Velum voll entwickelt. Sie können durch spezielle Muskeln in die schützende Schale zurückgezogen werden. Die Larve benutzt ihren Fuß, um eine geeignete Stelle zu finden, wo sie sich festsetzen kann (9).

Nach dem Festsetzen bilden sich Fuß und Velum zurück. Die Austernlarve heftet sich selber mit einem Klebstoff, der in einer besonderen Drüse hinter dem Fuß gebildet wird, an eine geeignete Oberfläche. Nun wächst die Auster schnell und wird bereits im ersten Lebensjahr geschlechtsreif (10).

19

Wie die Schale entsteht

**Weichtierschalen werden in mehreren Schichten aufgebaut.
Im Falle einer Beschädigung können sie wieder ausgebessert werden.**

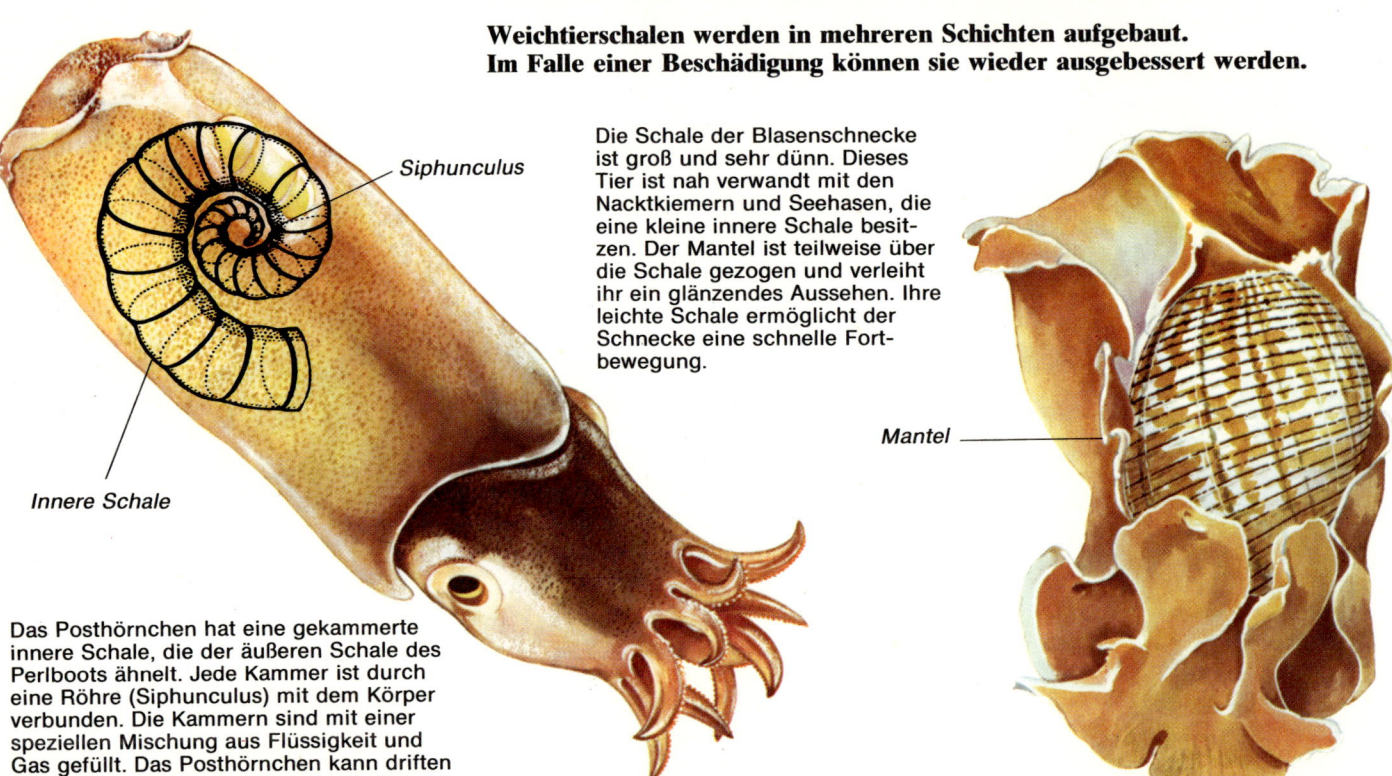

Siphunculus

Innere Schale

Die Schale der Blasenschnecke ist groß und sehr dünn. Dieses Tier ist nah verwandt mit den Nacktkiemern und Seehasen, die eine kleine innere Schale besitzen. Der Mantel ist teilweise über die Schale gezogen und verleiht ihr ein glänzendes Aussehen. Ihre leichte Schale ermöglicht der Schnecke eine schnelle Fortbewegung.

Mantel

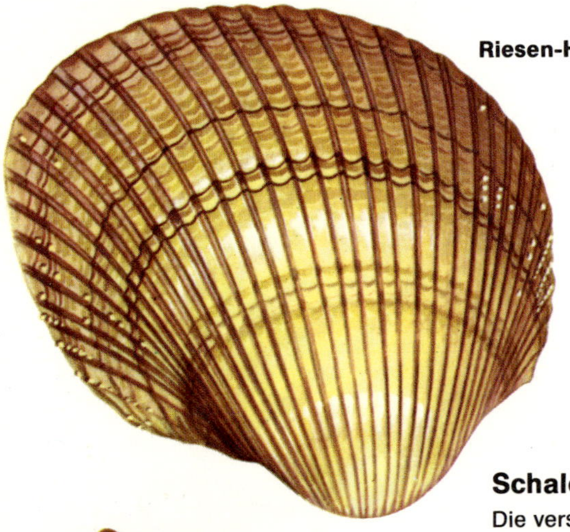

Das Posthörnchen hat eine gekammerte innere Schale, die der äußeren Schale des Perlboots ähnelt. Jede Kammer ist durch eine Röhre (Siphunculus) mit dem Körper verbunden. Die Kammern sind mit einer speziellen Mischung aus Flüssigkeit und Gas gefüllt. Das Posthörnchen kann driften oder tauchen, indem es den Druck dieser Mischung verändert.

Riesen-Herzmuschel

Strahlige Tellmuschel

Erdbeer-kreiselschnecke

Schalenverzierungen

Die verschiedenen Schalenverzierungen dienen zur Verstärkung der Schale oder zum Schutz des Trägertieres. Die Skulptur der Oberfläche entsteht durch regelmäßige Veränderungen der Ausscheidungsgeschwindigkeit am Mantelrand. Sie kann sich parallel zu den Wachstumsstreifen bilden, wie beispielsweise bei den stattlichen Stacheln des Venuskamms.

Die hauptsächliche Schalenverzierung vieler Muscheln, etwa der Tellmuscheln, besteht in den regelmäßig angeordneten Wachstumsstreifen. Herzmuscheln haben stark ausgeprägte strahlenförmige Rippen, und bei den meisten Porzellanschnecken sind die Schalen glatt und glänzend.

Bei der Erdbeerkreiselschnecke bildet die Skulptur ein kompliziertes Perlmuster.

Porzellanschnecke

Venuskamm oder Skelettspindel

Der Aufbau der Schale

Herzmuscheln haben unter dem Periostracum drei verschiedene Schalenschichten. Die Kristalle der äußeren Schicht sind fast rechtwinklig zueinander angeordnet. Das Myostracum (mittlere Schicht) besteht aus länglichen Kristallblöcken. Die Kristalle der inneren Schicht bilden zueinander willkürliche Winkel.

Die Aufgaben der Schale

Die meisten Weichtiere besitzen eine äußere Schale. Diese hat vor allem die Aufgabe, den Körper zu schützen. Außerdem schützt sie das Tier vor Feinden und verhindert das Austrocknen der Weichteile.

Kalziumkarbonat

Schalen bilden sich dadurch, daß am Rand des Mantels ein Stoff ausgeschieden wird, der aus Kalziumkarbonat (Kalk) besteht.

Das Blut der meisten Weichtiere enthält Kalziumkarbonat in großen Mengen, das der Nahrung und dem Wasser entnommen wird. Die Zellen am Mantelrand sind befähigt, das Kalziumkarbonat zu konzentrieren und in Kristalle der Minerale Kalzit (Kalkspat) und Aragonit umzuwandeln.

Eine Form des Aragonits ist die Perlmutter.

Wie die Schale aufgebaut wird

Die erste Schicht, die ausgeschieden wird, ist das Periostracum. Sie wird durch die äußere Falte des Mantels gebildet. Das Kalziumkarbonat kristallisiert auf der Innenseite des Periostracums aus und läßt die äußere Schalenschicht entstehen.

Das Myostracum ist jene Schicht, die sich an den Muskelansatzstellen ablagert. Es bildet eine dünne Schicht zwischen der äußeren und der inneren Schalenschicht. Der Weichtierkörper ist durch verschiedene Muskeln an seiner Schale befestigt.

Wenn die Schale beschädigt wird, scheidet der Mantel zusätzliches Schalenmaterial zur Reparatur aus.

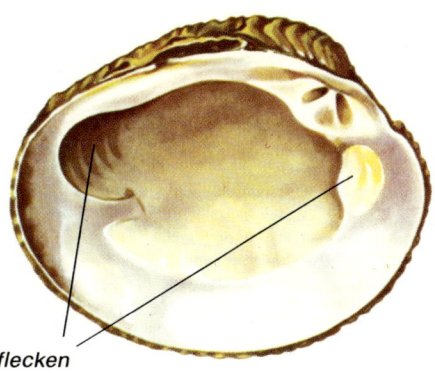

Muskelflecken

Venusmuschel

Der Weichtierkörper ist durch Muskeln mit der Schale verbunden. Die Muscheln haben einen oder zwei Muskeln (Adduktoren), die die beiden Klappen zusammenhalten.

Bei der Venusmuschel hängen Mantel und Schale durch einen Muskelsaum zusammen, der die beiden Adduktoren miteinander verbindet. An den Stellen, wo die Muskeln befestigt sind, bildet die Schale bestimmte Strukturen aus, die als Muskelflecken bezeichnet werden. Form und Lage der Muskelflecken sind wichtige Merkmale bei der Bestimmung der Muscheln.

Teleskopschnecke

Perlboot

Siphunculus

Perlboot und Teleskopschnecke haben spiralig gewundene Gehäuse.

Die Teleskopschnecke ist eine Schnecke, deren Körper sich über die ganze Länge des Gehäuses erstreckt. Er ist durch Muskeln, die an der Spirale in der Mitte (Spindel) befestigt sind, mit der Schale verbunden.

Der Körper des Perlboots füllt nur die letzte Kammer der Schale aus. Die einzelnen Kammern werden verschlossen, wenn das Tier heranwächst. Es ist mit den inneren Kammern nur durch eine Röhre (Siphunculus) verbunden.

Vom Nutzen der Weichtiere

Überall in der Welt werden Weichtiere als Nahrung genutzt oder zu Geräten und Schmuckstücken verarbeitet.

Eßbare Miesmuschel

Weinbergschnecke

Kalmar

Purpurschnecke

Weichtiere bildeten für den Menschen seit jeher eine wichtige Nahrungsquelle. An erster Stelle stehen hier die Muscheln. Sie werden weit häufiger gegessen als Schnecken oder Tintenfische. In Europa legt man Herz- und Miesmuscheln meist ein, um sie dann kalt zu verzehren. Kammuscheln und Austern waren lange Zeit sehr begehrt. Als besondere Delikatessen gelten die große Weinbergschnecke und der Gemeine Kalmar.

Weichtiere als Nahrung

Weichtiere kann man mühelos und in großen Mengen sammeln. Sie werden auf der ganzen Welt von Menschen verwertet. Die Weichteile dienen als Nahrung oder Köder. Aus den Schalen fertigt man allerlei Gebrauchs- oder Schmuckgegenstände.

Wie sich erwies, stellen Weichtiere bereits seit vorgeschichtlichen Zeiten eine sehr wertvolle Nahrungsquelle dar. In vielen Gegenden der Erde wurden bei Ausgrabungen aus der Steinzeit Siedlungsstellen mit Muschelhaufen gefunden, die aus weggeworfenen Schalen von Austern und Miesmuscheln bestanden.

Die Bewohner der südpazifischen Inseln haben früher die großen Gehäuse von bestimmten Schnecken als Schöpflöffel, Töpfe und Teller benutzt.

Weichtiere und Religion

Große Flügelschnecken wurden einst von den Azteken in Mexiko und von den Polynesiern als Trompeten verwendet. Man blies diese Instrumente bei kultischen Zeremonien und zur Abschreckung böser Geister.

Weichtiere als Zierat

Seit Jahrtausenden finden Weichtierschalen für dekorative Zwecke Verwendung. Man reihte durchbohrte Schalen auf Fäden auf und trug sie als Halsketten oder Armbänder. Es gibt Beweise dafür, daß schon die Menschen der Steinzeit Schneckengehäuse und Muscheln sammelten, um sie als Schmuckgegenstände zu benutzen. Manche der durchbohrten Schalen, die man in Höhlen und Felsspalten gefunden hat, waren bereits versteinert.

In Japan werden viele Arten von Weichtierschalen zu Knöpfen verarbeitet. Aus den schimmernden Perlmutterschichten der Perlmuschel lassen sich kunstvolle Schmuckstücke schneiden, mit denen man Truhen und Kästchen verziert.

Jahrhundertelang haben die Menschen aus bestimmten Weichtieren Farbe gewonnen. Die Phönizier in Tyrus vervollkommneten die Herstellung eines dunklen Purpurfarbstoffs. Hierfür wurden die Weichteile der Purpurschnecke mehrere Tage lang gekocht. Die mit tyrischem Purpur gefärbten Stoffe waren so kostbar, daß nur wohlhabende Leute sie sich leisten konnten. Deshalb wird diese Farbe Königspurpur genannt.

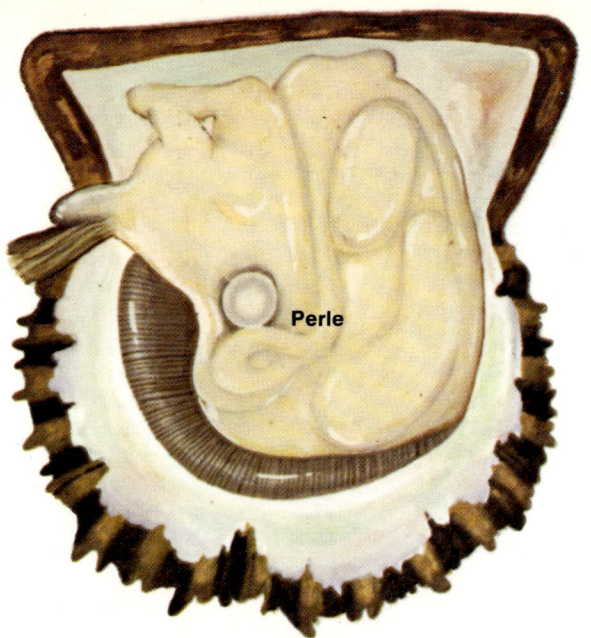

Perle

Perlentaucher

Perlen bilden sich um jeden Fremdkörper, der in das weiche Gewebe des Mantels gerät. Die Perlen bestehen aus demselben Material wie die Schale. Zuchtperlen entstehen, wenn man den Perlmuscheln Perlen einsetzt, die man aus anderen Schalen herausgeschnitten hat.

Byssusfäden

Geld aus Weichtierschalen

Schneckenhäuser und Muscheln wurden in vielen Teilen der Welt als Zahlungsmittel benutzt. So handelten die Indianer an der amerikanischen Nordwestküste mit auf langen Schnüren aufgereihten Elefantenzähnen. Die in Neu-England lebenden Indianer fertigten Wampumgürtel aus Perlen, die sie aus dem purpurroten Teil der Quahog-Muschel schnitten. Noch heute werden die Kaurischnecken aus dem Indischen Ozean als Geld verwendet.

Kaurischnecken

Quahog-Muschel

Elefantenzähne

Die Steckmuscheln verankern sich mit ihren langen seidenartigen Byssusfäden im Sand. Im 18. Jahrhundert hat man aus den Byssusfäden der im Mittelmeer beheimateten Edlen Steckmuschel feine goldene Stoffe gewebt. Noch Ende des vorigen Jahrhunderts wurden aus diesem Material in Sizilien Handschuhe hergestellt.

Diese moderne Windharfe wurde aus den dünnen, flachen Schalen einer japanischen Muschel angefertigt. Die Schalen werden kreisförmig zugeschnitten und auf Fäden gezogen. Sie erzeugen ein angenehm klingelndes Geräusch, wenn sie im Wind aneinanderstoßen.

23

Fortbewegung

Weichtiere kennen verschiedene Arten der Fortbewegung.

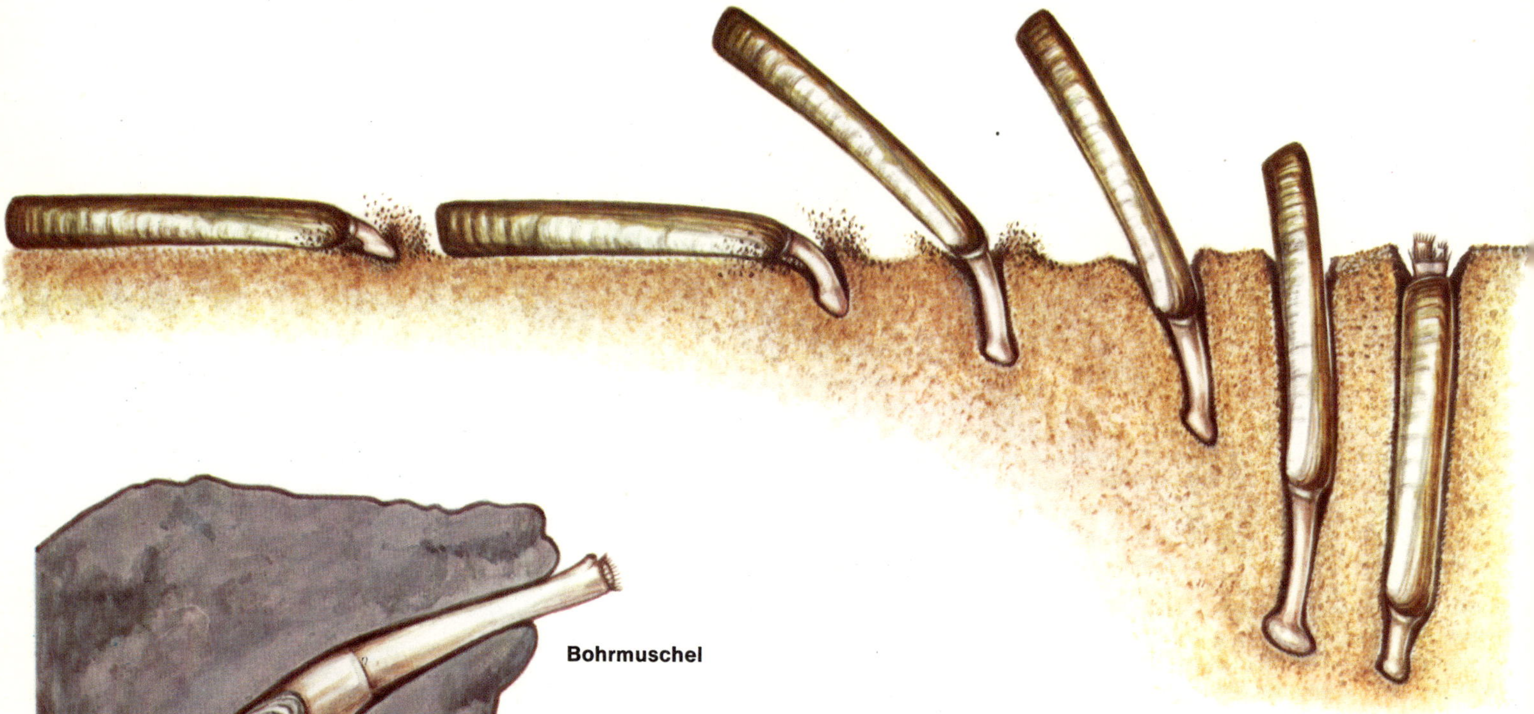

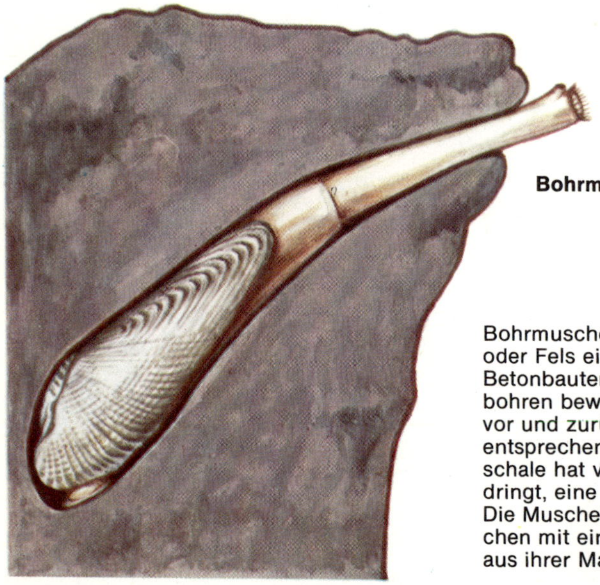

Bohrmuschel

Bohrmuscheln bohren sich in harten Lehm oder Fels ein. Sie verursachen zuweilen an Betonbauten schwere Schäden. Beim Einbohren bewegt die Muschel ihre Klappen vor und zurück, indem sie ihre Adduktoren entsprechend steuert. Die Bohrmuschelschale hat vorne, wo sie in das Gestein eindringt, eine sehr rauhe Oberflächenstruktur. Die Muschel spült die lockeren Steinstückchen mit einem Wasserstrahl weg, den sie aus ihrer Mantelhöhle ausstößt.

Die Messerscheide lebt im schlammigen Sand in der unteren Gezeitenzone der Küsten. Sie gehört zu den aktiv bohrenden Muscheln. Wenn sie sich einbohren will, richtet sie sich zunächst fast senkrecht auf. Dann preßt sie ihre Klappen zusammen und stößt aus ihrer Fußpartie Wasserstrahlen aus, die den Sand lockern. Der gestreckte Fuß dringt schnell in den Boden ein. Nun zieht das Tier seine Fußmuskeln zusammen und nimmt seine endgültige Lage ein.

Die Kammuschel erkennt den Seestern in ihrer Nähe, denn ihr Mantelrand ist mit vielen kleinen Augen besetzt. Weitere Sinnesorgane, mit denen sie riechen kann, befinden sich auf den Tentakeln am Mantelrand.

Der Seestern ist der Hauptfeind der Kammuschel. Wenn sich ein Seestern einer Kammuschel nähert, schwimmt sie davon. Dabei bedient sie sich einer speziellen Fluchtbewegung.

Benutzung des Fußes

Die meisten Weichtiere besitzen einen sehr gut entwickelten Fuß. Schnecken bewegen sich beispielsweise auf ihrem flachen, muskulösen Fuß kriechend fort.

Bei den Seehasen ist der Rücken des Fußes zu zwei breiten Klappen ausgezogen. Die Tiere schwimmen, indem sie diese Klappen langsam auf und ab bewegen.

Grabfüßer und viele Muscheln können sich mit ihrem Fuß leicht in Sand oder Schlamm einbohren. Das Tier verankert sich im Boden, indem es den Fuß ausstreckt und mit Blut füllt. Dann spannt es die Fußmuskeln und zieht den Körper mitsamt der Schale nach.

Rückstoßantrieb

Die Kammuscheln haben nur einen kleinen Fuß. Viele von ihnen schwimmen, indem sie ihre Schalen zusammenklappen. Der dadurch entstehende Rückstoß ermöglicht es der Muschel, sich gleichsam in kleinen Sprüngen weiterzubewegen.

Kopffüßer sind die bewegungsfreudigsten Weichtiere. Sie schwimmen mit Hilfe ihres Trichters, aus dem sie das Wasser ausstoßen. Ihre Richtung bestimmen sie durch entsprechende Bewegungen des Trichters, während ihnen die Flossen als Stabilisatoren dienen.

Die meisten Weichtiere legen jeweils nur kurze Strecken zurück. Sie entfernen sich nicht sehr weit von der Stelle, wo sie sich ursprünglich niedergelassen haben. Miesmuscheln und Austern bewegen sich im allgemeinen überhaupt nicht mehr fort, sobald sie sich irgendwo festgesetzt haben.

Die meisten Schnecken bewegen sich fort, indem sie ihre Fußmuskeln in regelmäßiger Folge zusammenziehen. Diese »Wellenbewegung« verläuft vom Kopf bis zum Hinterteil. Eine Drüse im Fuß sondert dabei einen Schleim ab, der dem Tier das Kriechen erleichtert.

Veilchen- oder Floßschnecken treiben ihr ganzes Leben lang mit der Unterseite nach oben an der Meeresoberfläche. Sie bauen sich ein Floß aus Luftblasen, die von einer gallertartigen Masse umschlossen sind. Dieses Blasenfloß ist am Fuß befestigt.

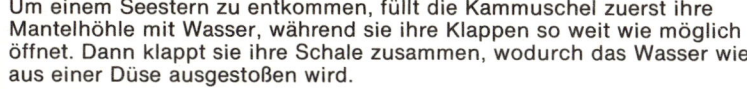

Um einem Seestern zu entkommen, füllt die Kammuschel zuerst ihre Mantelhöhle mit Wasser, während sie ihre Klappen so weit wie möglich öffnet. Dann klappt sie ihre Schale zusammen, wodurch das Wasser wie aus einer Düse ausgestoßen wird.

Die Kammuschel ist imstande, ihre Richtung zu bestimmen. Das geschieht durch Lageveränderungen ihres Mantels beim Ausstoßen des Wassers. Die Muschel kann sich nach oben schnellen und damit dem Feind entziehen.

Verteidigung und Tarnung

Die meisten Weichtiere haben zu ihrem Schutz eine harte Schale. Manche tarnen sich mittels spezieller Farben und Muster.

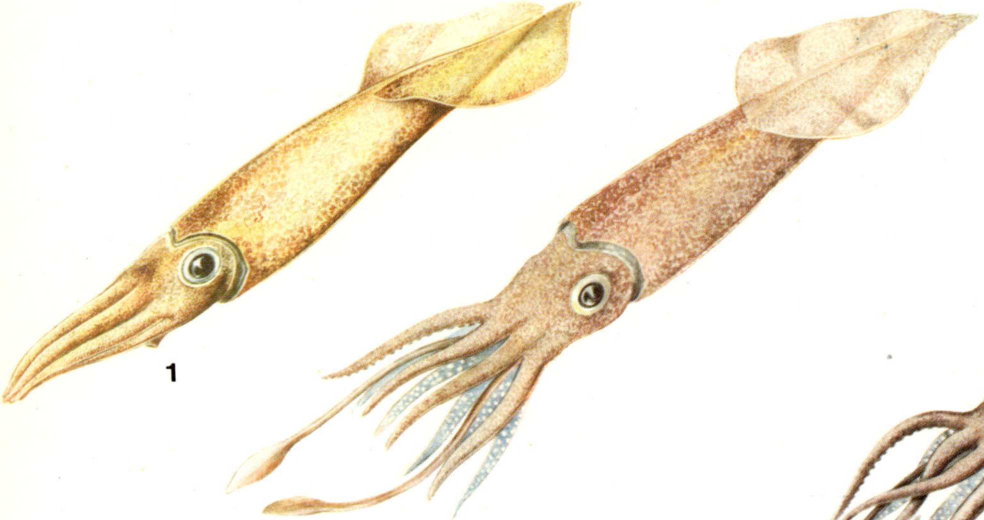

Bei den meisten Kopffüßern ist die Kunst der Tarnung und Täuschung hoch entwickelt. Wenn sich der Gemeine Kalmar bedroht fühlt, kann er seine Farbe blitzschnell wechseln. Normalerweise trägt er eine blaß goldgelbe Färbung mit rötlichen Flecken (1). Droht ihm Gefahr von einem Angreifer, verfärbt er sich dunkelrot (2). Er stößt einen Strahl schwarzer Tinte aus, der ungefähr die Form seines Körpers hat (3). Dann nimmt das Tier rasch wieder seine blasse Färbung an und schießt davon (4).

Tarnung

Seehase

Meeresnacktschnecke

Seehasen verstehen es ausgezeichnet, sich zwischen dem Tang zu verstecken, der ihnen als Nahrung dient. Sie weisen verblüffende Ähnlichkeit mit den Blättern des Meersalats auf.

Die in den Tropen lebenden Meeresnacktschnecken sind oft recht klein und leuchtend gefärbt. Aufgrund ihrer unregelmäßigen grellen Farbmuster verschmelzen diese Tiere förmlich mit der Umgebung.

Anklammern

Die Gemeine Napfschnecke bewohnt die exponierte Küstenregion. Sie ist nicht besonders gut getarnt. Zum Schutz vor Feinden klammert sich die Napfschnecke mit ihrer Schale in einer Rinne fest, die sie in den steinigen Untergrund gräbt.

Flügelschnecke

Fuß

Operculum

Napfschnecke

Verschließen des Gehäuses

Die meisten Schnecken können die Mündung ihres Gehäuses mit einer Art Falltür verschließen, die am Hinterteil ihres Fußes angewachsen ist. Dieses sogenannte Operculum ist so gestaltet, daß es genau in die Schalenöffnung paßt.

Die schützende Schale

Weichtiere sind in der Regel keine angriffslustigen Tiere. Sie schützen sich meist dadurch, daß sie sich in ihre Schale zurückziehen oder unter einem Stein Zuflucht suchen.

Viele Weichtiere können sich auf die schützende Wirkung einer harten Schale verlassen. Muscheln klappen bei Gefahr in der Regel ihre beiden Schalenhälften zusammen. Die meisten Schnecken können ihr Gehäuse mit einem Deckel (Operculum) verschließen.

Schnecken- und Muschelschalen sind zum Schutz vor Feinden häufig mit Stacheln bewehrt. Dank ihrer Farbmuster lassen sich viele Schalen in ihrer natürlichen Umgebung nur schwer ausmachen.

Färbung und Farbmuster

Manche Weichtiere verfügen über keine schützenden Schalen. Sie haben dafür tarnende Farben und Körperformen entwickelt. Bei den Nacktkiemerschnecken des Meeres treffen wir eine Vielzahl von Formen und Farbmustern an, die weitgehend mit der Umgebung verschwimmen.

Über das raffinierteste Tarn- und Verteidigungsverhalten gebieten jedoch die Kopffüßer. Besondere Farbzellen in den Hautschichten gestatten es ihnen, in kürzester Zeit die Farbe zu wechseln. Außerdem können sie »Tinte« ausstoßen, die ihre Feinde verwirrt.

Verschiedene Seehasen besitzen eine Drüse, in der sie einen farbigen Saft erzeugen, ähnlich der »Tinte« der Tintenfische.

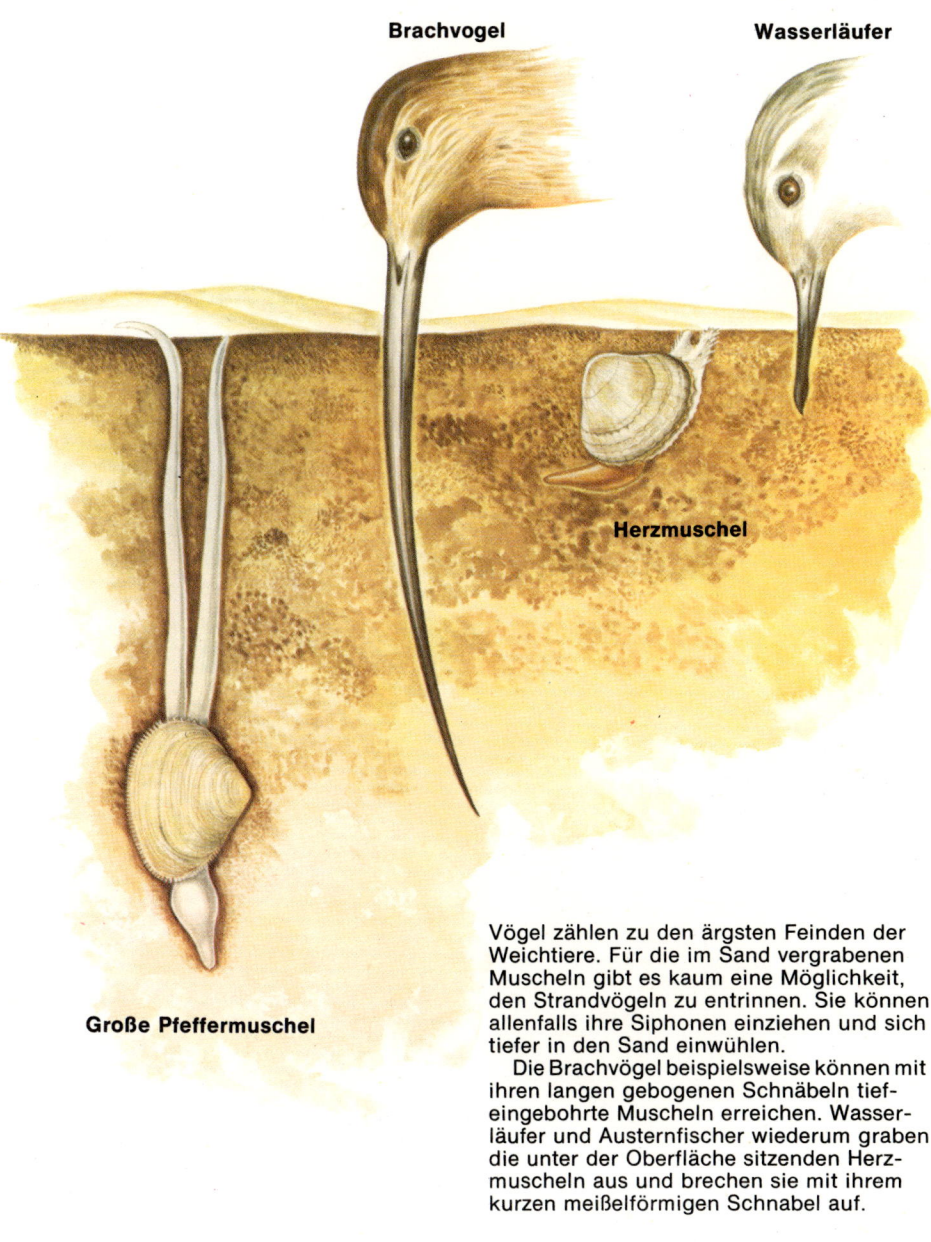

Brachvogel

Wasserläufer

Herzmuschel

Große Pfeffermuschel

Vögel zählen zu den ärgsten Feinden der Weichtiere. Für die im Sand vergrabenen Muscheln gibt es kaum eine Möglichkeit, den Strandvögeln zu entrinnen. Sie können allenfalls ihre Siphonen einziehen und sich tiefer in den Sand einwühlen.

Die Brachvögel beispielsweise können mit ihren langen gebogenen Schnäbeln tiefeingebohrte Muscheln erreichen. Wasserläufer und Austernfischer wiederum graben die unter der Oberfläche sitzenden Herzmuscheln aus und brechen sie mit ihrem kurzen meißelförmigen Schnabel auf.

Sinne und Verhalten

Weichtiere verfügen über Sinnesorgane, die ihrer Lebensweise angepaßt sind.

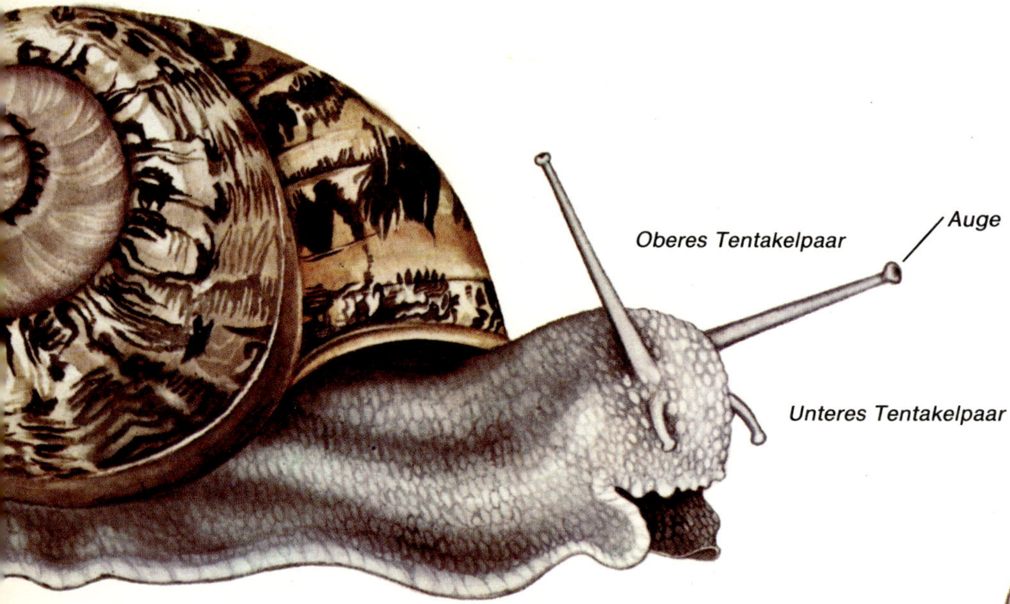

Oberes Tentakelpaar

Auge

Unteres Tentakelpaar

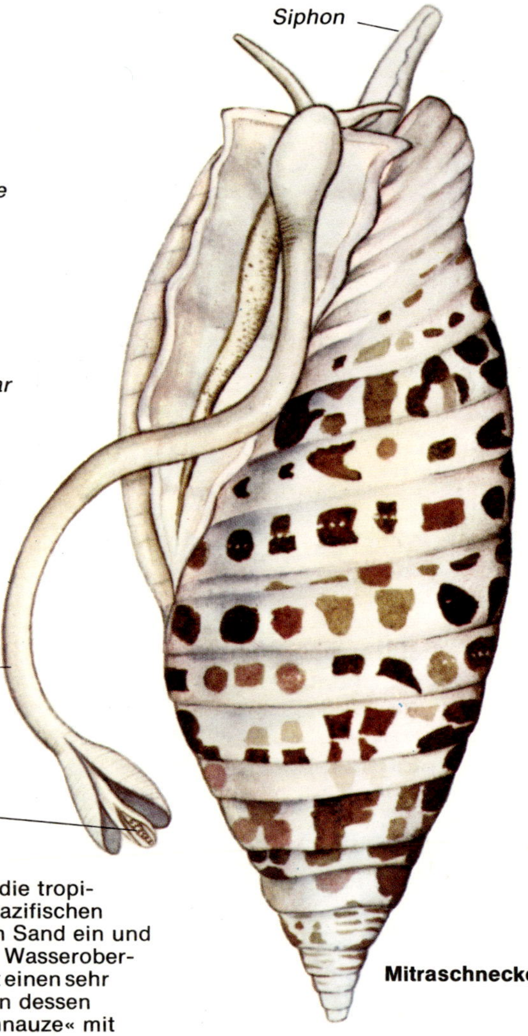

Siphon

Proboscis

Radula

Mitraschnecke

Die Gartenschnecke trägt auf ihrem Kopf zwei Tentakelpaare. Mit dem unteren Paar ertastet sich das Tier seinen Weg. Auf dem oberen Tentakelpaar sitzen an der Spitze zwei einfache lichtempfindliche Augen. Die Schnecke kann Bewegungen nur durch den Wechsel von Licht und Schatten wahrnehmen.

Als Tast- und Geruchsorgane besitzt die Kammuschel Sinneszellen in den feinen Tentakeln, die den Mantelrand säumen. Zwischen den Tentakeln sitzen zahlreiche kleine Augen. Gleich der Schnecke kann auch die Kammuschel nur Veränderungen von Licht und Schatten wahrnehmen. Die vielen Augen ermöglichen es ihr, solche Veränderungen rings um ihren vorgestülpten Mantelrand zu erkennen.

Die Mitraschnecke bewohnt die tropischen Flachmeere der indopazifischen Region. Sie gräbt sich in den Sand ein und streckt ihre Siphonen an die Wasseroberfläche. Die Mitraschnecke hat einen sehr langen Rüssel (Proboscis), an dessen Spitze eine verbreiterte »Schnauze« mit der Radula sitzt.

Kammuschel

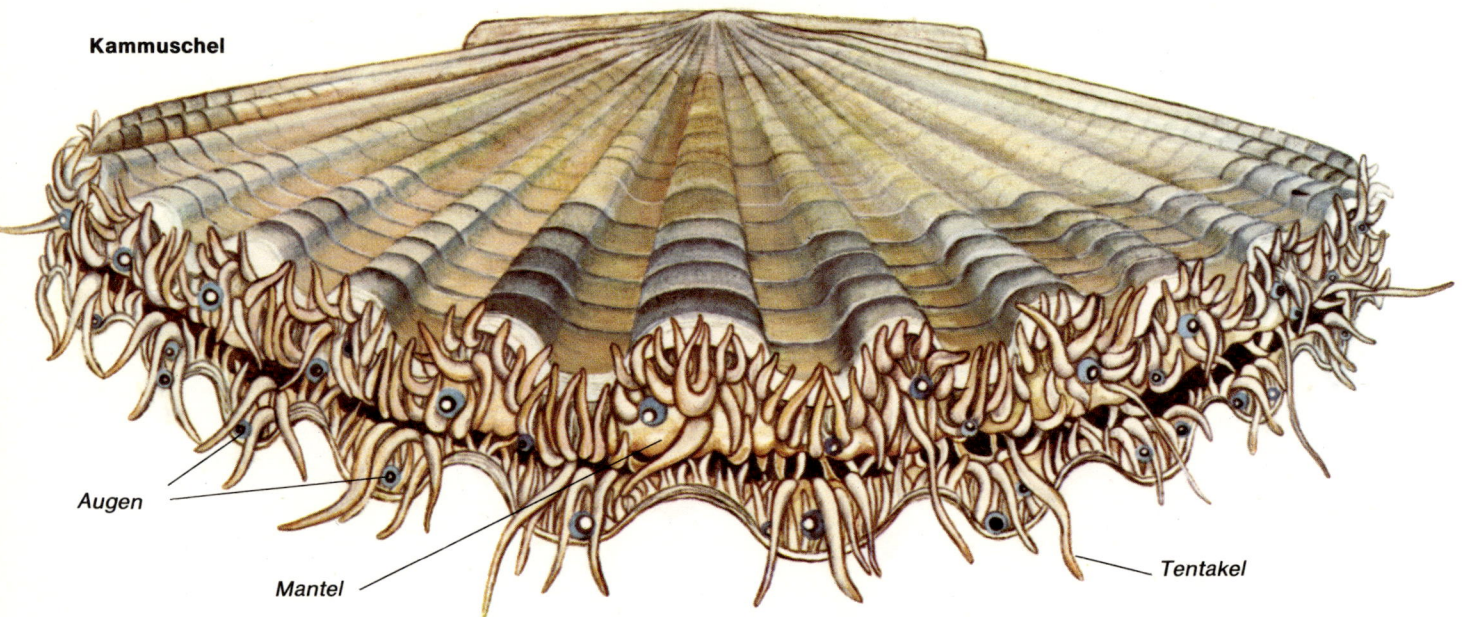

Augen

Mantel

Tentakel

Schmecken und Hören

Die Weichtiere besitzen ungefähr die gleichen Sinnesorgane wie die übrigen Tiere. Doch es gibt zwei Sinne, die dieser Tiergruppe offenbar fehlen: der Gehör- und der Geschmackssinn. Außerdem sind Weichtiere stumme Geschöpfe.

Tasten und Riechen

Viele Weichtiere scheinen einen Tastsinn zu haben. Zahlreiche Schnecken ertasten sich ihren Weg mit den Tentakeln am Kopf.

Der Geruchssinn steckt in einem Organ, das in der Mantelhöhle bei den Kiemen liegt. Dieses Organ nimmt Veränderungen des Salzgehalts, chemische Substanzen und Sinkstoffe im Wasser wahr. Bei den Meeresnacktschnecken ist ein Paar tentakelartiger Gebilde auf dem Kopf der Sitz des Geruchssinnes.

Sehen

Zu den wichtigsten Sinnen zählt das Sehen. Die Weichtieraugen sind sehr unterschiedlich gebaut. Einige Käferschnecken verfügen nur über einfache lichtempfindliche Zellen in ihrem Mantel, während sich die komplizierten Augen der Kopffüßer auf einen Gegenstand scharf einstellen können.

Manche Weichtierarten haben überhaupt keine Augen. So sind die Grabfüßer und die meisten Muscheln völlig blind. Weichtiere, die im Sand eingegraben leben, brauchen keinen Gesichtssinn. Von einer grabenden Muschelart weiß man jedoch, daß an der Spitze ihres Siphos einfache Augen sitzen.

Der Tintenfisch kann sich beim Abtauchen in tiefere Wasserschichten dem veränderten Druck anpassen. Seine innere Schale, der Rückenschulp, enthält viele winzige Kammern, die mit einer Mischung aus Flüssigkeit und Gas gefüllt sind. Das Tier vermag den inneren Druck auf diese Mischung zu regulieren.

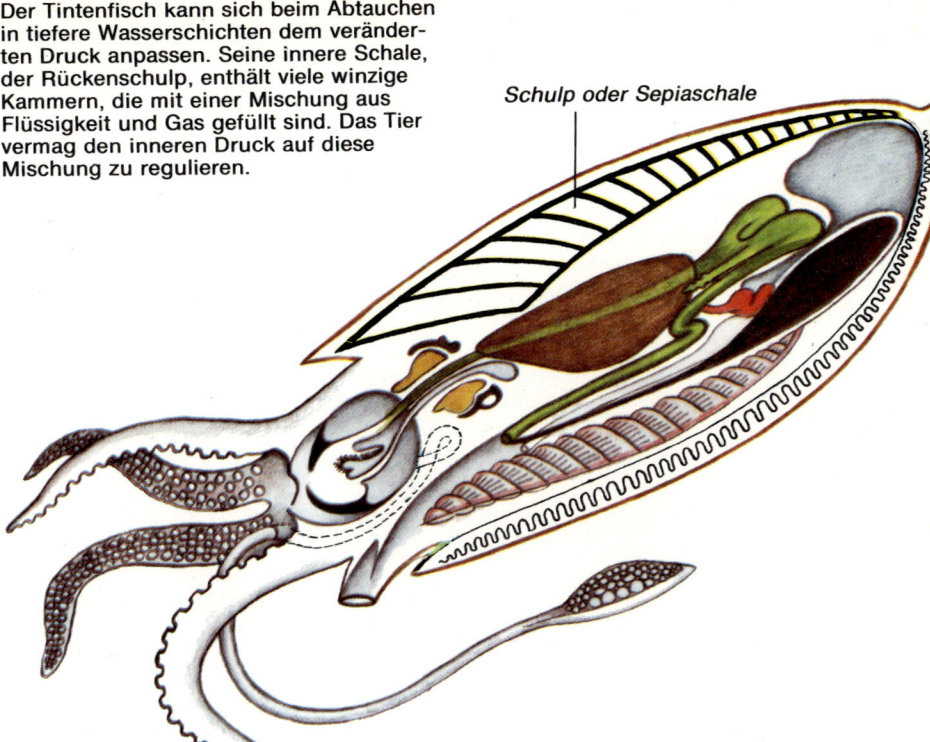

Schulp oder Sepiaschale

Überwinterung

Landschnecken spüren den Temperaturrückgang, wenn der Winter näherrückt, und verfallen dann in Winterschlaf. Hierzu wühlen sie sich unter welkes Laub oder einfach in den Boden ein. Sie scheiden eine Schleimschicht aus, die über der Mündung des Gehäuses erstarrt. Diesen »Deckel« bezeichnet man als Epiphragma. Er wird wieder abgestoßen, wenn die Schnecke aus ihrer Winterstarre erwacht.

Die Harfenschnecken des indopazifischen Raums wenden beim Beutefang eine merkwürdige Methode an. Sie können ein kleines Stück vom Hinterteil ihres Fußes abwerfen, als Köder für das Beutetier. Wenn eine Krabbe den Köder packt, dreht sich die Harfenschnecke schnell um und deckt ihr Opfer mit klebrigem Sand zu. Das Abwerfen des Fußendes macht der Schnecke nichts aus, da es sehr bald wieder nachwächst.

Wo die Weichtiere leben

**Weichtiere kommen auf der ganzen Welt vor.
Sie leben auf dem Festland, im Süßwasser und im Meer.**

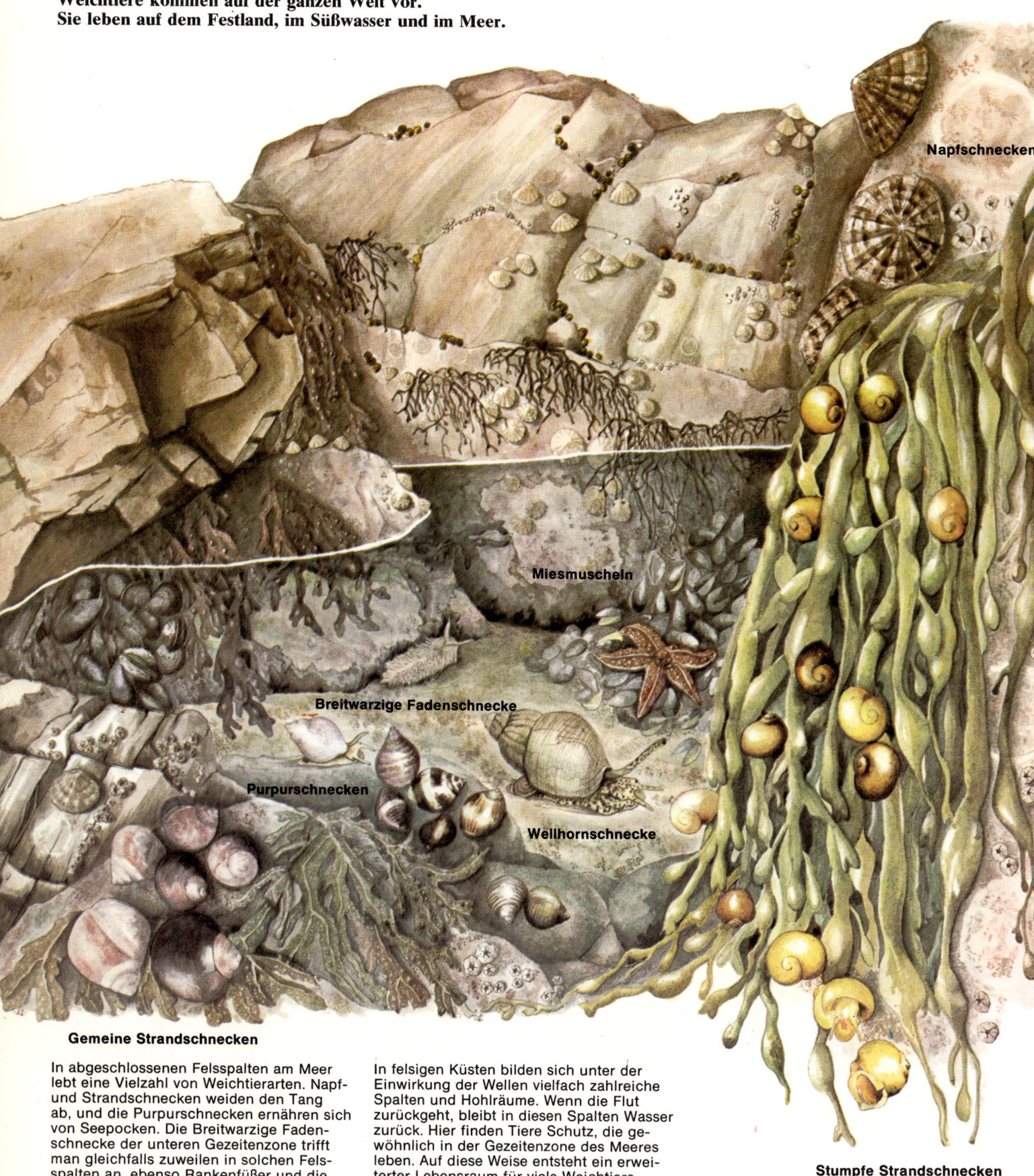

Napfschnecken

Miesmuscheln

Breitwarzige Fadenschnecke

Purpurschnecken

Wellhornschnecke

Gemeine Strandschnecken

Stumpfe Strandschnecken

In abgeschlossenen Felsspalten am Meer lebt eine Vielzahl von Weichtierarten. Napf- und Strandschnecken weiden den Tang ab, und die Purpurschnecken ernähren sich von Seepocken. Die Breitwarzige Fadenschnecke der unteren Gezeitenzone trifft man gleichfalls zuweilen in solchen Felsspalten an, ebenso Rankenfüßer und die Miesmuscheln fressende Wellhornschnecke.

In felsigen Küsten bilden sich unter der Einwirkung der Wellen vielfach zahlreiche Spalten und Hohlräume. Wenn die Flut zurückgeht, bleibt in diesen Spalten Wasser zurück. Hier finden Tiere Schutz, die gewöhnlich in der Gezeitenzone des Meeres leben. Auf diese Weise entsteht ein erweiterter Lebensraum für viele Weichtiere.

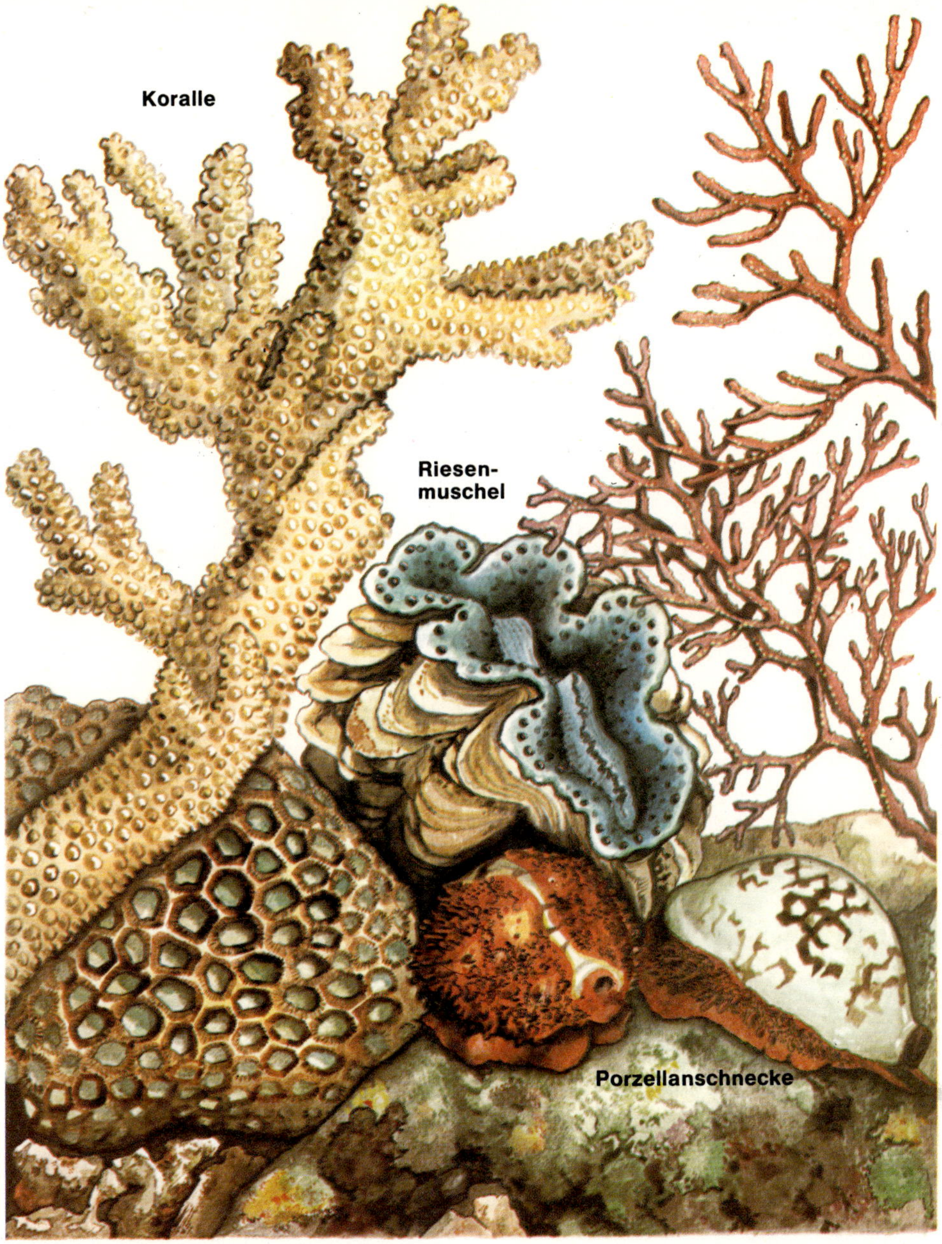

Koralle

Riesen-muschel

Porzellanschnecke

Meer und Land

Der Ursprung der Weichtiere ist das Meer, und wahrscheinlich lebt die Mehrzahl ihrer heutigen Vertreter noch immer im Meer oder in seiner unmittelbaren Umgebung. Sie haben aber auch das feste Land erobert. Zahlreiche Schneckenarten sind in Wäldern und Wiesen zu Hause. Einige wenige Arten haben sich sogar an das Baumleben angepaßt.

Die wohl größte Vielfalt an Weichtierarten findet sich an felsigen Küsten zwischen der Hoch- und der Niedrigwasserlinie. In der oberen Gezeitenzone sind die Strandschnecken am häufigsten.

Zahlreiche Weichtiere bewohnen das Flachwasser zwischen der Niedrigwasserlinie und dem Rand des Kontinentalschelfs. Hier sammeln sie sich in großer Zahl an Stellen, wo die Lebensbedingungen für sie am günstigsten sind. Muscheln kommen am zahlreichsten in Sand und Schlamm der unteren Gezeitenzone und darunter vor.

Viele Weichtiere leben auch im offenen Meer. Zwei Gruppen von Schnecken bauen sich dort kleine Flöße aus Schaum. Andere schwimmen mit Hilfe der breiten Säume an ihrem Fuß.

Die Heimat der meisten Kopffüßer ist der Ozean. So sind die Kalmare hier derart zahlreich verbreitet, daß sie die Hauptnahrung bestimmter Wale und mancher großer Fische darstellen.

Einige Weichtiergruppen wiederum leben ausschließlich auf dem Boden der Tiefsee.

Im warmen Flachwasser rings um die Korallenriffe leben ebenfalls viele Weichtierarten.

Das eindrucksvollste Weichtier der Korallenbänke ist die Riesenmuschel. Sie kann über 1 m lang werden.

Die abgestorbenen Korallenäste sind für viele Bohrmuscheln ein idealer Unterschlupf. Auch die farbenprächtigen Porzellanschnecken finden Schutz zwischen den Korallen.

Papuina-Schnecken

Landschnecken fühlen sich fast überall wohl. Einige Arten haben sich sogar an das Baumleben angepaßt. Auf den Salomon-Inseln im Stillen Ozean bewohnen verschiedene Schneckenfamilien bestimmte Teile der Bäume. Manche leben nur auf dem Stamm und auf den Ästen. Die leuchtend bunte Papuina-Schnecke findet sich ausschließlich auf breiten, flachen Blättern hoch über der Erde.

31

Verbreitung

Die Weichtiere verteilen sich auf verschiedene Regionen.

Meeresoberfläche

Es gibt viele Weichtierarten, die ihr ganzes Leben an der Oberfläche des offenen Meeres verbringen. Zumeist sind es Schnecken, die mit Hilfe von Schaumflößen in den Meeresströmungen schwimmen oder treiben. Viele andere Arten halten sich im Larvenstadium in den oberen Meeresschichten auf.

Meeresstrand

Der Strand zwischen der Hoch- und der Niedrigwasserlinie (Gezeitenzone) beherbergt eine Fülle von Weichtieren. An Felsküsten herrschen die Schnecken vor, die sich vom reichen Algenbewuchs ernähren. Muscheln sind dagegen wieder häufiger an sandigen und schlammigen Stränden vertreten. Hier finden sich auch räuberische Schnecken, die von den Muscheln leben.

Flachwasserzone

Das Flachwasser erstreckt sich unter der Gezeitenzone bis zum Rand des Kontinentalschelfs. Hier ist das Meer sehr nahrungsreich und bietet vielen Weichtieren gute Lebensmöglichkeiten. Die wichtigen eßbaren Weichtiere (Austern und Kammuscheln) gedeihen am Grund des Flachwassers in großen Kolonien oder »Betten«.

Tiefsee

Die Kopffüßer sind die typischen Weichtiere der Tiefsee. Kalmare steigen des Nachts zur Nahrungsaufnahme an die Wasseroberfläche empor und kehren am Tag wieder in die tieferen Meeresschichten zurück. Die meisten schalentragenden Weichtiere, die in der Tiefsee leben, sind sehr klein. Diese Tiefseearten sind fast über die ganze Erde verbreitet.

Verteilung

Die Weichtiere sind über die ganze Erde verbreitet. Manche Arten kommen in vielen Gebieten vor, andere nur an einer bestimmten Stelle.

Einige Weichtiere, z. B. die Kalmare, legen auf der Suche nach neuen Nahrungsquellen weite Strecken zurück. Die schwimmenden Schnecken lassen sich von den Meeresströmungen treiben und sind deshalb in vielen Teilen der Welt zu finden.

Die meisten anderen Arten entfernen sich nicht sehr weit von der Stelle, wo sie sich einmal festgesetzt haben. So ziehen die Napfschnecken in der Nacht umher, um Algen abzuweiden, kehren aber danach stets wieder zu ihrem Ruheplatz zurück.

Die Schwimmlarven der meisten Weichtiere sorgen dafür, daß sich bestimmte Arten über große Räume verteilen. Ausgewachsene Tiere können zuweilen auf Schwimmholz oder Tang abgetrieben werden.

Provinzen und Zonen

Die Verteilung der Meeresweichtiere, die in Küstennähe leben, wird im allgemeinen durch die Wassertemperatur gesteuert. Diese Verbreitungsgebiete bezeichnet man als Provinzen. Innerhalb der einzelnen Provinzen können die uferbewohnenden Arten auf gewisse Räume (Zonen) beschränkt sein. Die Zonen werden durch die verschiedenen Gezeitenhöhen bestimmt.

Die geographische Verbreitung einer Art kann sich durch eine leichte Veränderung der Wassertemperatur verschieben. So können beispielsweise die Warmwasserarten südlicher Regionen nach einer Folge von milden Wintern nach Norden abwandern.

Weichtiere werden auf verschiedenen Wegen in neue Lebensräume verpflanzt. So gelangen Landschnecken oft auf Treibgut oder in den Krallen von Vögeln anderswohin. Marine Weichtiere können auf natürliche Weise, etwa durch Meeresströme, zerstreut werden. Sie wandern aber auch häufig in neue Lebensräume ab, wenn sich die Wassertemperatur oder das Nahrungsangebot ändert. Die Larven der Meeresweichtiere setzen sich manchmal an Schiffsrümpfen fest und kommen so als »blinde Passagiere« mit zu den jeweiligen Bestimmungshäfen.

Elefantenzahn

Klaffmuschel

Neuengland-Reusenschnecke

Amerikanische Auster

Blitzschnecke

Weichtiere der gemäßigten Zone

Die Weichtierschalen weisen sehr mannigfaltige Färbungen und Skulpturen auf. Manche sind unscheinbar, andere tragen komplizierte Verzierungen oder Farbmuster. Die meisten großen Schalen der nördlichen Halbkugel sind vorwiegend trübweiß gefärbt. Diese Schalen sind häufig dicker als die der Tropentiere, wahrscheinlich zum Schutz gegen die Kälte. Die Artenzahl ist in der gemäßigten Zone ebenfalls weit geringer als in den Tropen.

Weichtiere der Tropen

Die Weichtierschalen sind in den Tropen meist bunter gefärbt als in kälteren Zonen. Viele tropische Schalen sind ziemlich dünn, andere mit langen Stacheln verziert. Wohl nirgendwo auf der Welt ist die Vielfalt der Weichtiere so groß wie in den tropischen Flachmeeren des indopazifischen Raums.

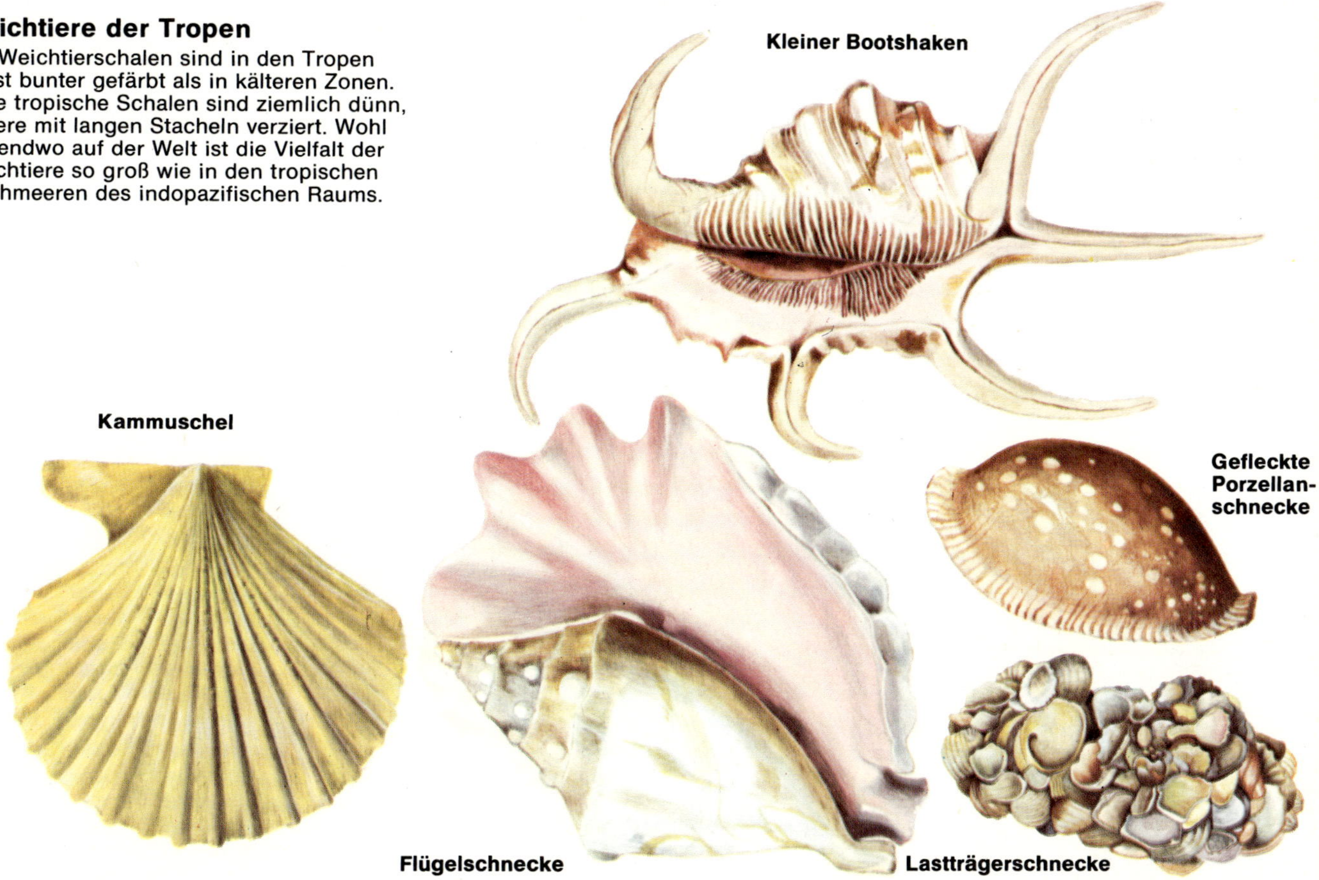

Kleiner Bootshaken

Kammuschel

Gefleckte Porzellanschnecke

Flügelschnecke

Lastträgerschnecke

Lebenszusammenhänge

Die Weichtiere spielen eine wichtige Rolle im Haushalt der Natur.

Die meisten Lebewesen können sich nicht vor den Auswirkungen der Umweltverschmutzung schützen. Wenn Öl an die Strände gespült wird, muß ein großer Teil der dort lebenden Weichtiere zugrunde gehen.

Aasfresser und Räuber fressen unter Umständen die toten Weichtiere und werden dadurch selber vergiftet. Ist das Gleichgewicht der Natur einmal gestört, kann es viele Jahre dauern, bis es wiederhergestellt wird.

Ökologie

Die Ökologie ist die Wissenschaft von den Zusammenhängen zwischen Tieren, Pflanzen und Umwelt.

Hinsichtlich ihrer Ernährung sind Pflanzen und Tiere voneinander abhängig. Die Pflanzen verwandeln die von der Sonne ausgehende Energie in Stärke und Zucker. Äsende und filtrierende Tiere fressen diese Pflanzen und dienen dann selber wieder anderen Tieren als Nahrung. Die Tiere geben der Umwelt wiederum jene chemischen Stoffe zurück, die von den Pflanzen benötigt werden.

Dieser Zyklus wird Nahrungskette genannt. Wenn sich bestimmte Organismen in zwei oder mehr Nahrungsketten überschneiden, entsteht ein Nahrungsnetz. Solche Nahrungsnetze bilden die Grundlage der Gemeinschaftsstruktur. Die Gesamtheit dieser komplizierten Beziehungen von Pflanzen, Tieren und Umwelt bezeichnet man als Ökosystem.

Das Gleichgewicht des Lebens innerhalb eines Ökosystems ist stets bedroht. Falls ein Mitglied eines Nahrungsnetzes ausfällt, kann das Gleichgewicht gestört werden. Doch die Lebewesen sind in der Lage, sich an die natürlichen Veränderungen in ihrer Umwelt anzupassen.

Die Rolle der Weichtiere

Weichtiere sind ein wichtiger Bestandteil vieler Nahrungsnetze. Für zahllose Schnecken-, Vogel-, Krebs- und Säugetierarten bilden sie wertvolle Nahrungsquellen.

Wird das Gleichgewicht gestört, kann das katastrophale Folgen haben. Wenn Menschen z. B. Weichtiere essen, die durch ins Meer abgelassene Abfallstoffe vergiftet worden sind, können sie sich mit Cholera infizieren.

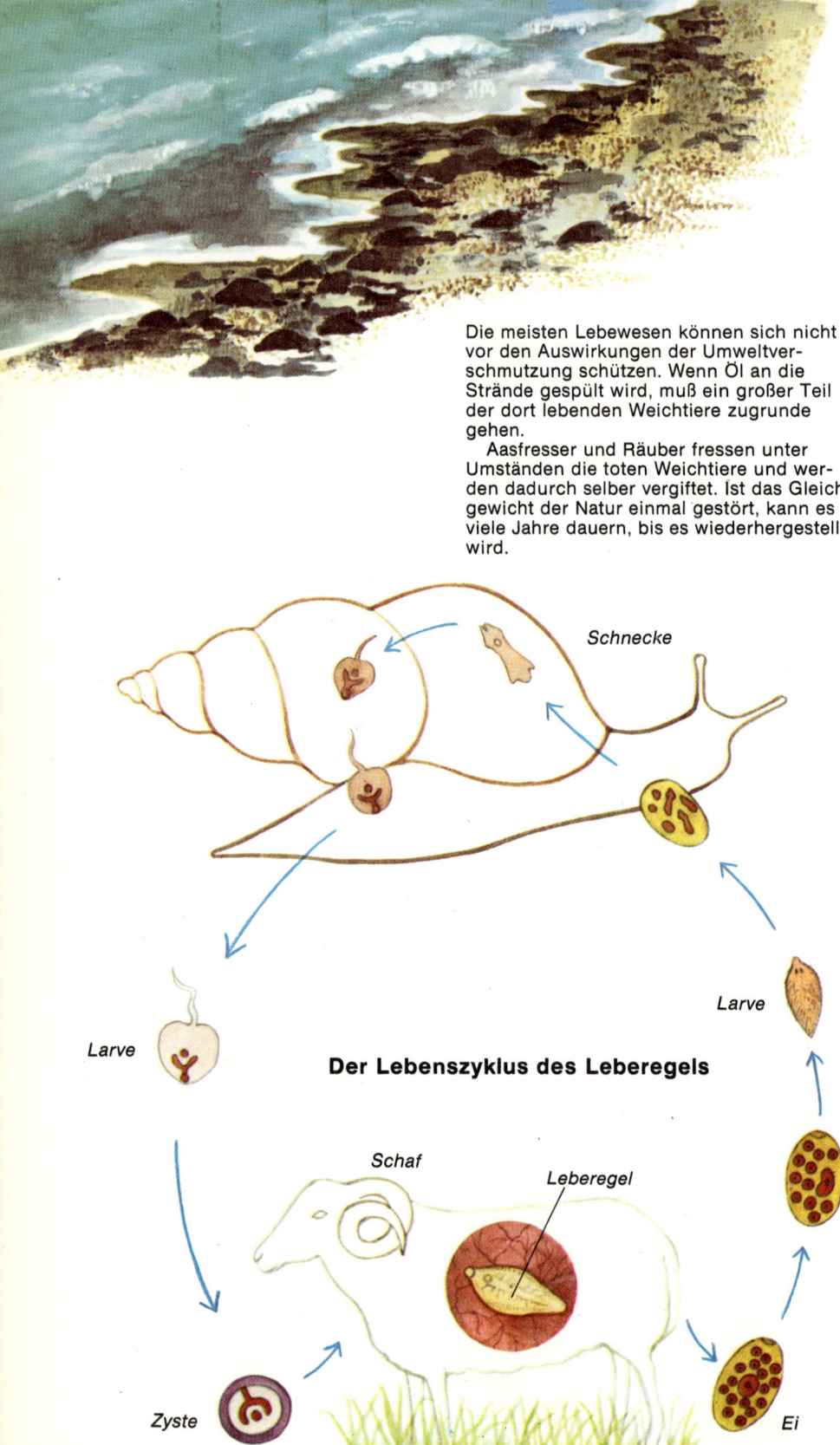

Der Lebenszyklus des Leberegels

Schnecke

Larve

Larve

Schaf

Leberegel

Zyste

Ei

Schnecken dienen häufig als Zwischenwirt im Lebenszyklus des Leberegels. Dieses Tier legt seine Eier in die Leber der Schafe ab. Sie werden durch den After ausgeschieden. Aus den Eiern schlüpfen die Larven, die in Pfützen so lange umherschwimmen, bis sie auf eine Schnecke treffen. Wenn das geschieht, dringen sie durch die Haut in den Schneckenkörper ein. Sie verwandeln sich in die beiden nächsten Larvenstadien, ehe sie die Schnecke wieder verlassen. Aus jeder Larve wird eine Zyste. Nimmt nun ein weidendes Schaf diese Zyste auf, entwickelt sie sich in seinem Innern zum fertigen Egel.

1

Spartgras

Ralle

Marschschnecke

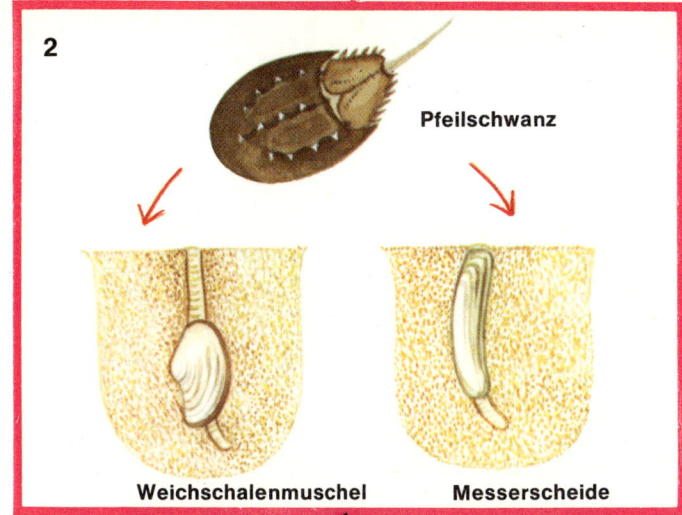

2

Pfeilschwanz

Weichschalenmuschel

Messerscheide

Das Ökosystem der Salzmarschen

In den Salzmarschen Neu-Englands, also im Osten der USA, besteht ein ausgewogenes Verhältnis des pflanzlichen und tierischen Lebens. Es ist eine Landschaft, in der sich Land-, Süßwasser- und Meeresorganismen begegnen. Manche Arten haben sich eigens dem Leben in dieser Umwelt angepaßt. In dem Salzmarschen-Ökosystem existieren mehrere Nahrungsnetze nebeneinander. Sie können einander überschneiden oder mehr oder weniger unabhängig voneinander sein.

1. Die Marschschnecken ernähren sich von Algen und Gras. Sie werden wiederum von den Strandvögeln, beispielsweise den Rallen, gefressen.
2. Im sandigen Schlamm unmittelbar unter der Niedrigwasserlinie leben die Muscheln. Sie werden von den Strandvögeln und Pfeilschwänzen herausgepickt und verspeist.
3. Die Gerippten Miesmuscheln leben teilweise eingegraben im Uferschlamm der Priele. Sie filtern mikroskopisch kleine Algen aus dem Wasser, wenn das Hochwasser die Marschen überflutet. Diese Muscheln dienen den Entenschnepfen und Waschbären als Nahrung.

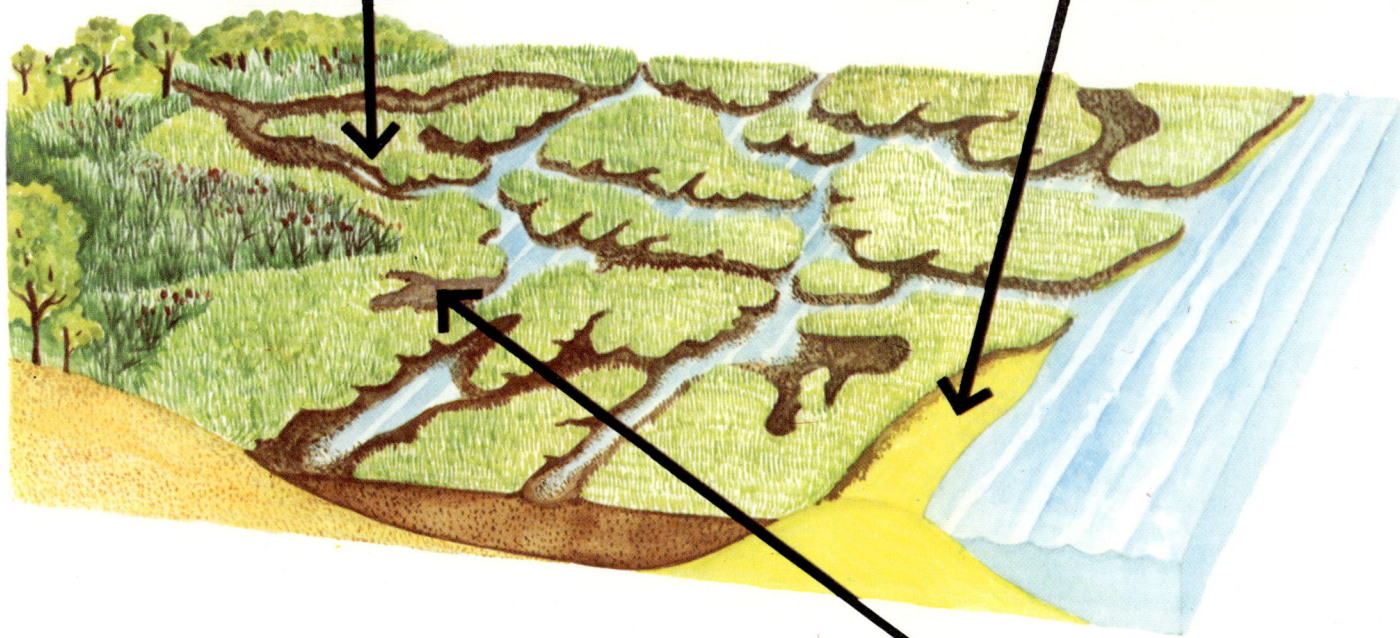

3

Gerippte Miesmuscheln

Algen

Entenschnepfe

Waschbär

Zusammenleben

**Weichtiere leben nicht für sich, sondern in Gemeinschaft
mit anderen Tieren und Pflanzen.**

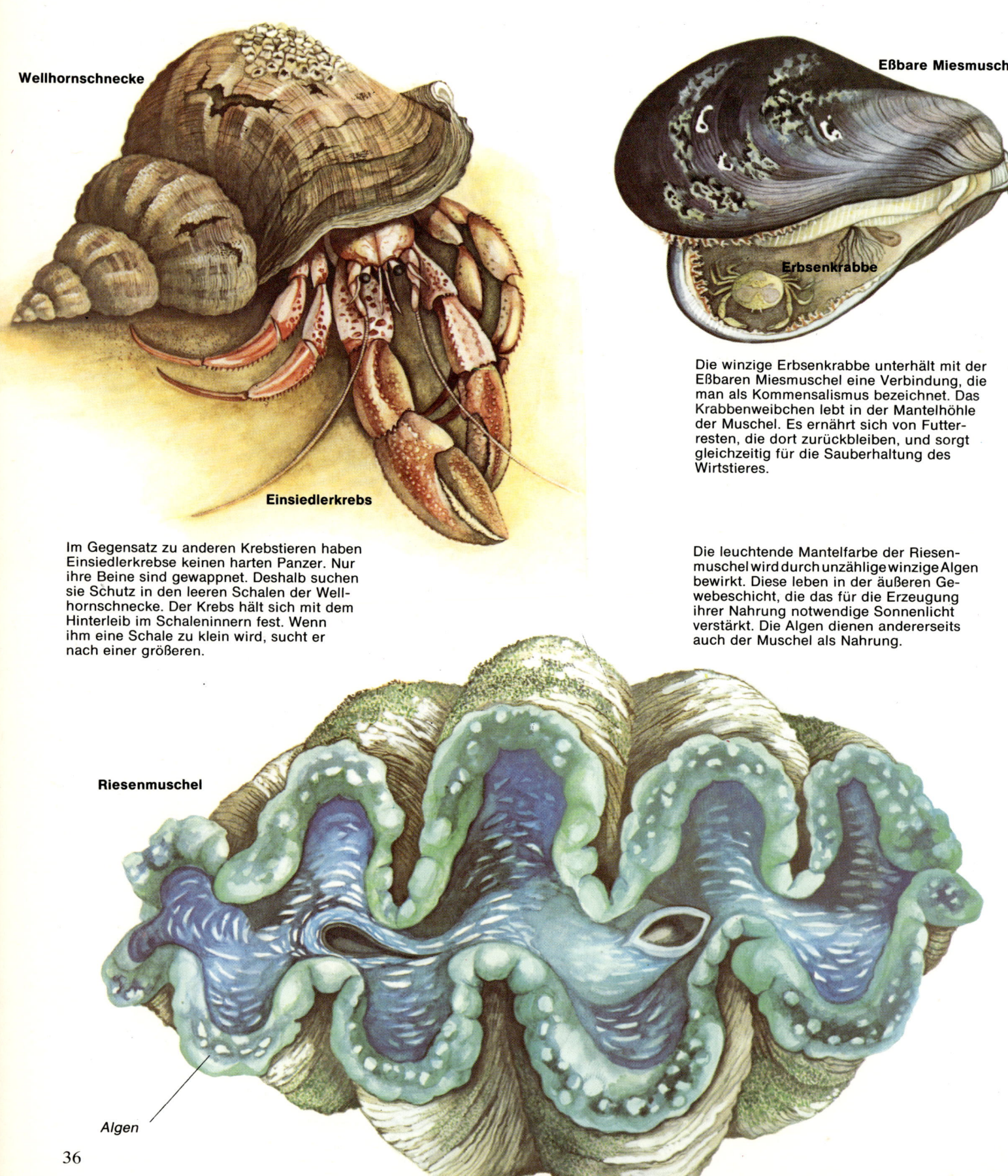

Wellhornschnecke

Einsiedlerkrebs

Eßbare Miesmuschel

Erbsenkrabbe

Die winzige Erbsenkrabbe unterhält mit der
Eßbaren Miesmuschel eine Verbindung, die
man als Kommensalismus bezeichnet. Das
Krabbenweibchen lebt in der Mantelhöhle
der Muschel. Es ernährt sich von Futter-
resten, die dort zurückbleiben, und sorgt
gleichzeitig für die Sauberhaltung des
Wirtstieres.

Im Gegensatz zu anderen Krebstieren haben
Einsiedlerkrebse keinen harten Panzer. Nur
ihre Beine sind gewappnet. Deshalb suchen
sie Schutz in den leeren Schalen der Wellhornschnecke. Der Krebs hält sich mit dem
Hinterleib im Schaleninnern fest. Wenn
ihm eine Schale zu klein wird, sucht er
nach einer größeren.

Die leuchtende Mantelfarbe der Riesenmuschel wird durch unzählige winzige Algen
bewirkt. Diese leben in der äußeren Gewebeschicht, die das für die Erzeugung
ihrer Nahrung notwendige Sonnenlicht
verstärkt. Die Algen dienen andererseits
auch der Muschel als Nahrung.

Riesenmuschel

Algen

Lebensgemeinschaften

Als Assoziationen bezeichnet man die Beziehungen zwischen Pflanzen und Tieren, die zusammenleben. Tiere und Pflanzen, die im selben Lebensraum zusammenleben, bilden eine Lebensgemeinschaft.

Die verschiedenen Formen der Lebensgemeinschaften bestehen aus ähnlichen Pflanzen und Tieren, die voneinander abhängig sind. Häufig wird eine Gemeinschaft beherrscht von einer einzigen Weichtiergruppe, etwa von den Miesmuscheln. Diese Muscheln weisen charakteristische Assoziationen auf, je nachdem, ob sie im Nordatlantik oder im Indischen Ozean beheimatet sind.

Kommensalismus und Parasitismus

Viele Weichtiere leben in einer unmittelbaren Verbindung zu anderen Tieren oder Pflanzen. Manchmal ist diese Verbindung sowohl für die Weichtiere als auch für die anderen Organismen von Vorteil. Eine solche Beziehung nennen die Zoologen Kommensalismus oder Symbiose. So haust z. B. eine bestimmte Fischart in der Mantelhöhle der Perlauster und mancher großer Meeresschnecken. Der Fisch findet hier Schutz, und gleichzeitig verzehrt er die überschüssige Nahrung, die die Kiemen der Auster verstopfen könnte.

In vielen Fällen allerdings bringt eine solche Verbindung für einen der beiden Partner Nachteile mit sich. Hier sprechen wir von Parasitismus oder Schmarotzertum. Eine Gruppe von Meeresschnecken ernährt sich von der Körperflüssigkeit von Muscheln, z. B. der Miesmuscheln. Manche Strandschnecken sind Zwischenträger bestimmter Würmer, die sich bei Vögeln als Parasiten betätigen.

Die Blaue Fadenschnecke läßt sich mit der Unterseite nach oben an der Wasseroberfläche treiben. Sie geht oft eine Beziehung mit der Segelqualle oder anderen Quallen ein. Die Schnecke ernährt sich von den Quallententakeln, was vielleicht ihre blaue Färbung erklärt.

Cyphoma-Schnecken

Gelbe Hornkoralle

Die Cyphoma-Schnecken der Karibischen See leben auf der Gelben Hornkoralle oder der Seepeitsche. Hier handelt es sich um eine Form des Parasitismus, denn nur die Schnecke profitiert von dieser Gemeinschaft. Sie ernährt sich von den weichen Polypen der Koralle und legt ihre Eier auf deren Zweigen ab.

Ein weiteres Beispiel von Schmarotzertum ist die Beziehung zwischen der Breitwarzigen Fadenschnecke und der Pferdeaktinie oder Purpurrose. Viele Nacktkiemer ernähren sich von Seeanemonen. Sie tragen auf ihrem Rücken Auswüchse, die den Tentakeln der Seeanemonen sehr ähnlich sehen, vermutlich, um jene Tiere irrezuführen, die von Nacktkiemern leben.

Pferdeaktinie oder Purpurrose

Breitwarzige Fadenschnecke

Segelqualle

Blaue Fadenschnecke

Nacktschnecken

Nacktschnecken sind Weichtiere, die keine oder nur eine stark zurückgebildete Schale besitzen.

Was ist eine Nacktschnecke?

Nacktschnecken haben grundsätzlich keine Schale, obwohl einige Arten noch kleine Überreste einer solchen aufweisen. Die Nacktschnecken haben sich getrennt von den schalentragenden Meeres- und Landschneckengruppen entwickelt. Bei den land- und meerbewohnenden ·Nacktschnecken bilden sich zwar im Larvenstadium Schalen aus, die aber im Laufe der Larvenentwicklung zurückgebildet werden oder völlig verlorengehen.

Es gibt viele Merkmale, die Nacktschnecken mit anderen Weichtieren gemein haben. Da wäre zum einen der weiche Leib mit dem Kopf und den Tentakeln. Weiter besitzen sie Augen und eine Radula. Auch ihre Ernährungsweise ist die gleiche wie bei den meisten anderen Schnecken. Nacktschnecken verfügen ebenfalls über einen breiten, flachen Fuß. Wenn sie dahinkriechen oder -gleiten, hinterlassen sie eine Schleimspur.

Als Meeresnacktschnecken bezeichnet man all jene Meeresschnecken, denen die äußere Schale fehlt. Die meisten besitzen ein spezialisiertes Paar tentakelartiger »Ausleger« am Kopf, vermutlich zum Wahrnehmen von Düften.

Wie die Nacktschnecken atmen

Seehasen sind die einzigen Nacktschnecken des Meeres, die echte Kiemen besitzen. Die anderen Arten atmen durch die Haut oder mit kiemenähnlichen Fortsätzen auf dem Rücken.

Bei den Landnacktschnecken erfolgt die Atmung mittels Lungen. Die Lungenöffnung befindet sich auf der rechten Seite des Mantels. Beim Atmen öffnet und schließt sich dieses Loch.

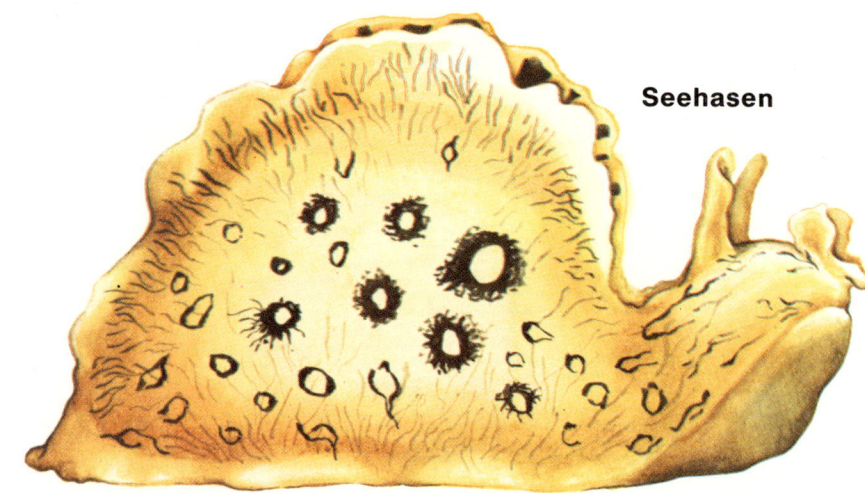

Seehasen

Gefleckter Seehase

Die Nacktschnecken des Meeres werden in drei Hauptgruppen eingeteilt. Eine davon bilden die Seehasen. Die meisten dieser Tiere haben an ihrem Fuß klappenförmig verlängerte Säume, die über dem Rücken gefaltet werden. Mittels dieser Säume vollführen sie anmutige Schwimmbewegungen.

Viele Seehasen haben eine dünne Schale, die in ihrem Rücken eingebettet ist. Sie stoßen eine purpurrote »Tinte« aus, wenn sie sich bedroht fühlen.

Die anderen beiden Nacktschneckengruppen des Meeres werden Nacktkiemer genannt. Zu ihnen gehören die Stern- und die Fadenschnecken. Diese Gruppe umfaßt die farbenprächtigsten und bizarrsten Meerestiere. Sternschnecken tragen auf dem Rücken federartige Kiemenbüschel. Manche Arten können die Kiemen in die Leibeshöhle zurückziehen. Kopf und Rücken sind von einer dicken Haut bedeckt, die oft mit Knötchen besetzt ist.

Fadenschnecken haben auf dem Rücken fadenähnliche Auswüchse, die Verlängerungen der Mitteldarmdrüse sind und als Cirren bezeichnet werden. Sie dienen als Mittel der Tarnung. Bei manchen Fadenschnecken enthalten die Cirren Nesselgift der gefressenen Quallen, das ihnen zusätzlichen Schutz gewährt.

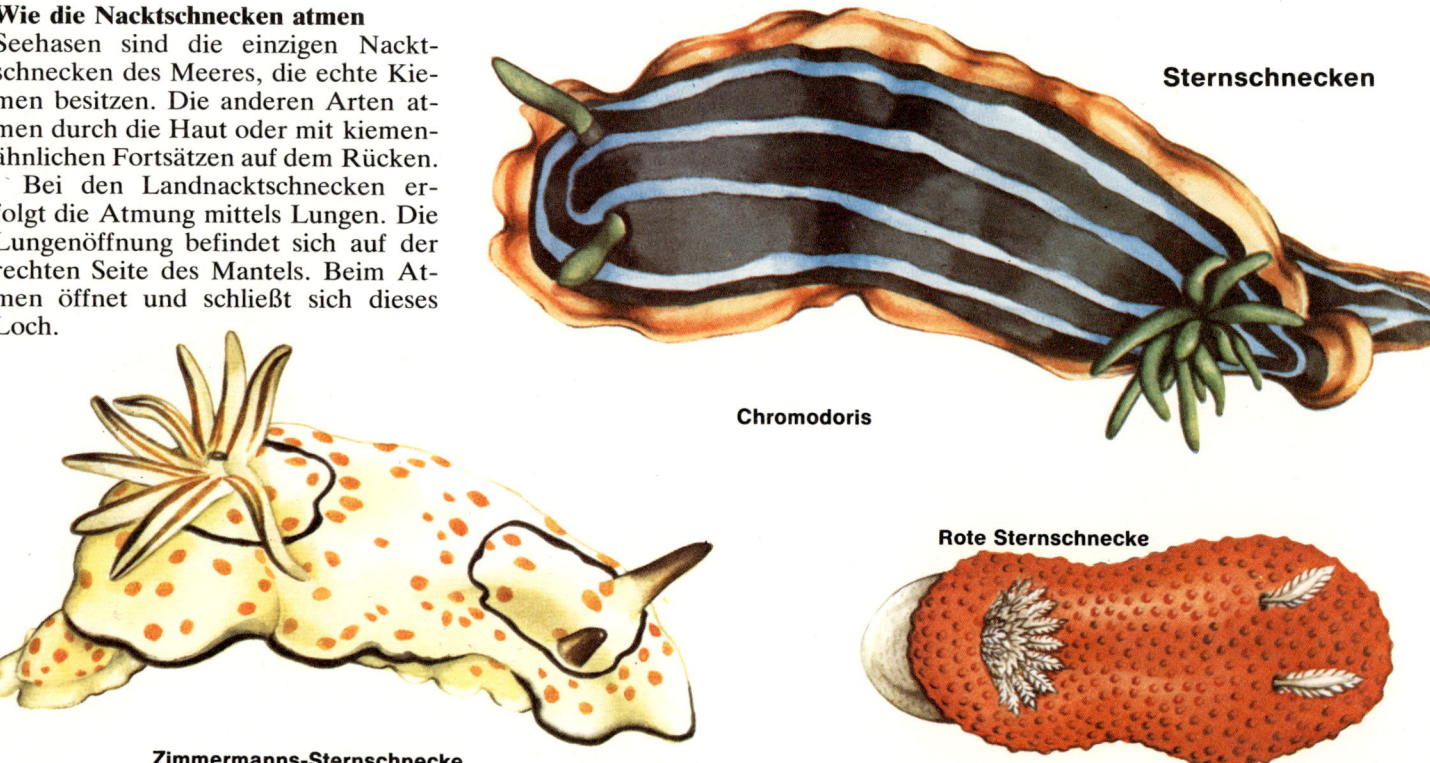

Sternschnecken

Chromodoris

Zimmermanns-Sternschnecke

Rote Sternschnecke

Landnacktschnecken

Es gibt eine Reihe verschiedener Nackt-schneckenformen. Sie alle haben sich ge-trennt aus einzelnen Landschneckengruppen entwickelt. Landlungenschnecken oder Testacelliden tragen am Hinterende des Körpers eine ganz kleine Schale.

Die beiden anderen Hauptgruppen der Landnacktschnecken sind die Weg- und die Egelschnecken. Die meisten dieser Tiere besitzen eine kleine innere Schale.

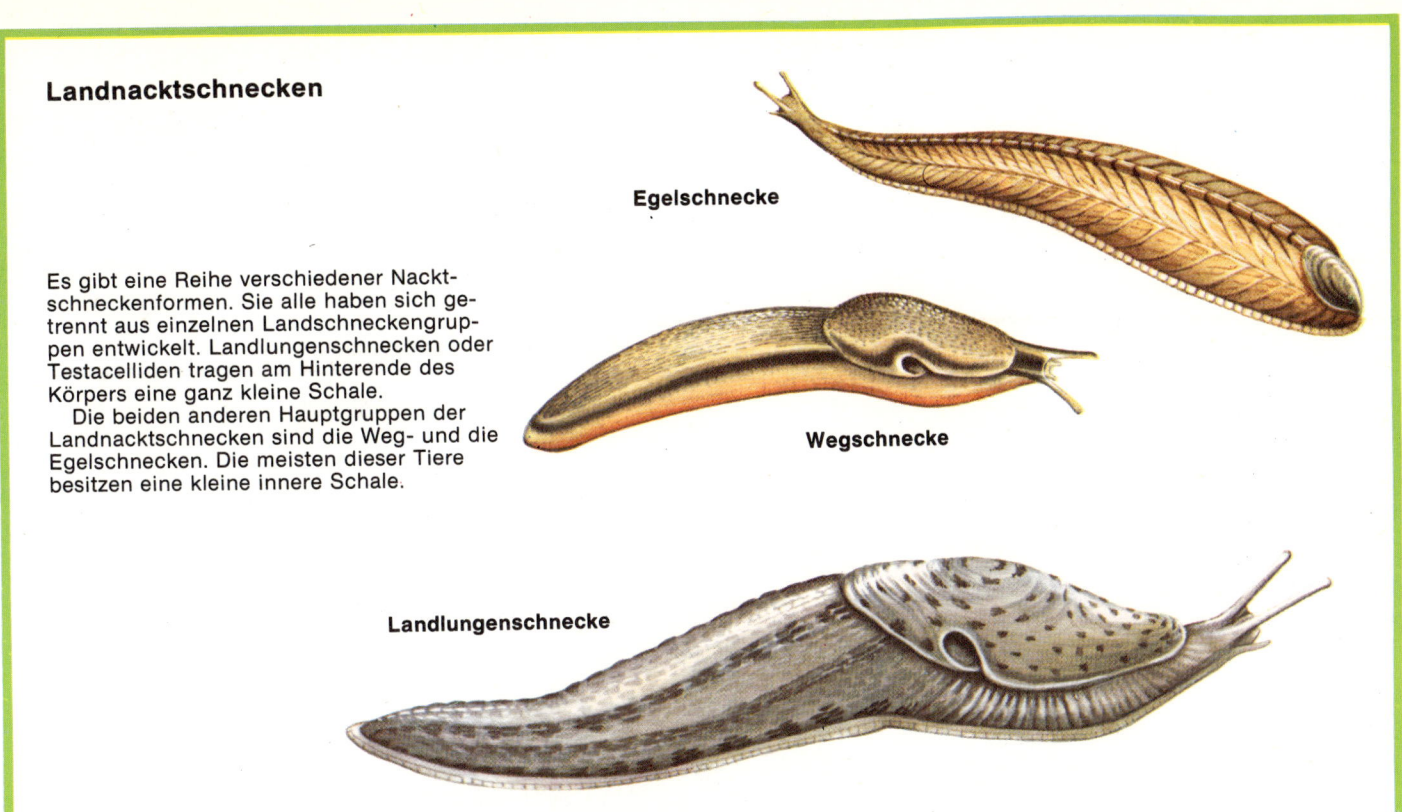

Egelschnecke

Wegschnecke

Landlungenschnecke

Fadenschnecken

Ballonfadenschnecke

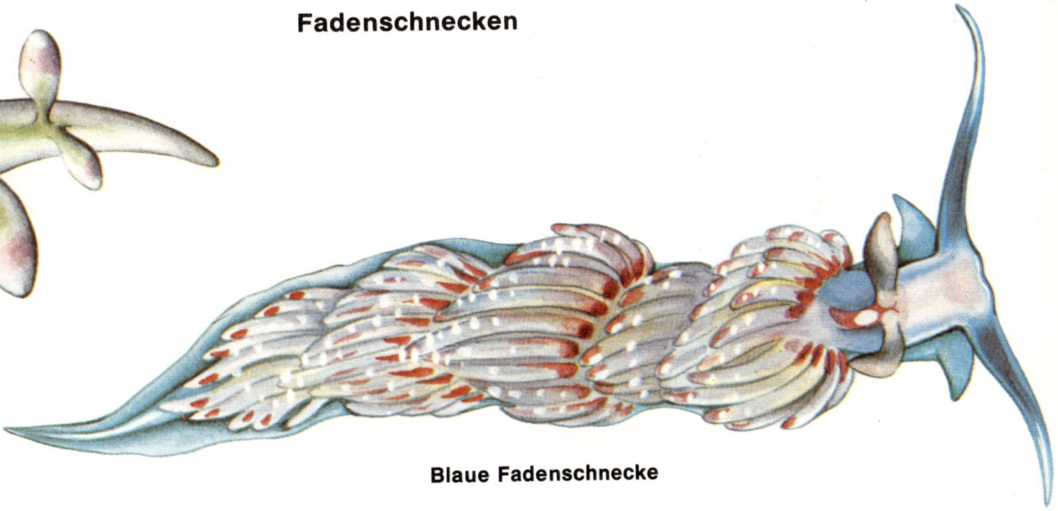

Blaue Fadenschnecke

Federschnecke

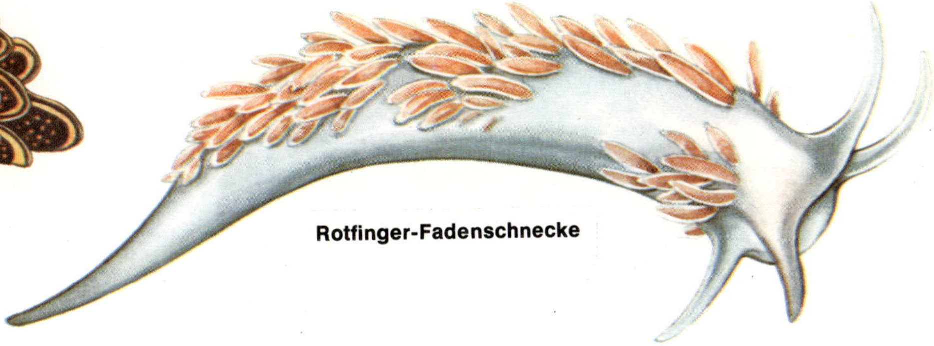

Rotfinger-Fadenschnecke

So leben die Kraken

Die Kraken gelten allgemein als gefährlich und heimtückisch. In Wahrheit sind sie scheue und einsam lebende Tiere.

Acht Fangarme

Kraken sind Kopffüßer. Es gibt viele verschiedene Arten davon, die sowohl im Flachwasser als auch in der Tiefsee zu Hause sind.

Alle Kraken haben acht lange Arme, auf denen jeweils zwei Reihen von Saugnäpfen sitzen. Die Arme sind rings um die Mundöffnung angeordnet und an der Basis durch Schirmhäute miteinander verbunden. Der Krake hat einen schnabelförmigen Mund und eine Radula mit kräftigen Zähnen zum Zerkleinern von Krebsen, Schnecken und Muscheln.

Kraken sind scheu

Die Kraken schwimmen, indem sie Wasserstrahlen aus ihrem Trichter ausstoßen. Es sind scheue Geschöpfe, die sich gern in Felsspalten verstecken oder zwischen Steinen und Seegras umherkriechen. Beim Kriechen benutzen sie ihre Arme und halten sich mit den starken Saugnäpfen an Felsen fest.

Gute Augen

Von allen Wirbellosen haben Kopffüßer die am höchsten entwickelten Augen. Kraken können ihre Augen nach allen Seiten drehen und sehen recht gut. Das kommt ihnen zustatten, wenn sie Beutetiere jagen oder Feinden ausweichen müssen.

Verteidigung

Kraken verfügen über spezielle Mittel zur Verteidigung. Sie sind in der Lage, ihre Farbe zu wechseln, so daß sie in ihrer natürlichen Umwelt nur schwer auszumachen sind. Außerdem können sie ihren Körper ausdehnen und ihre Gestalt verändern, um Angreifer zu verwirren.

Eierklumpen

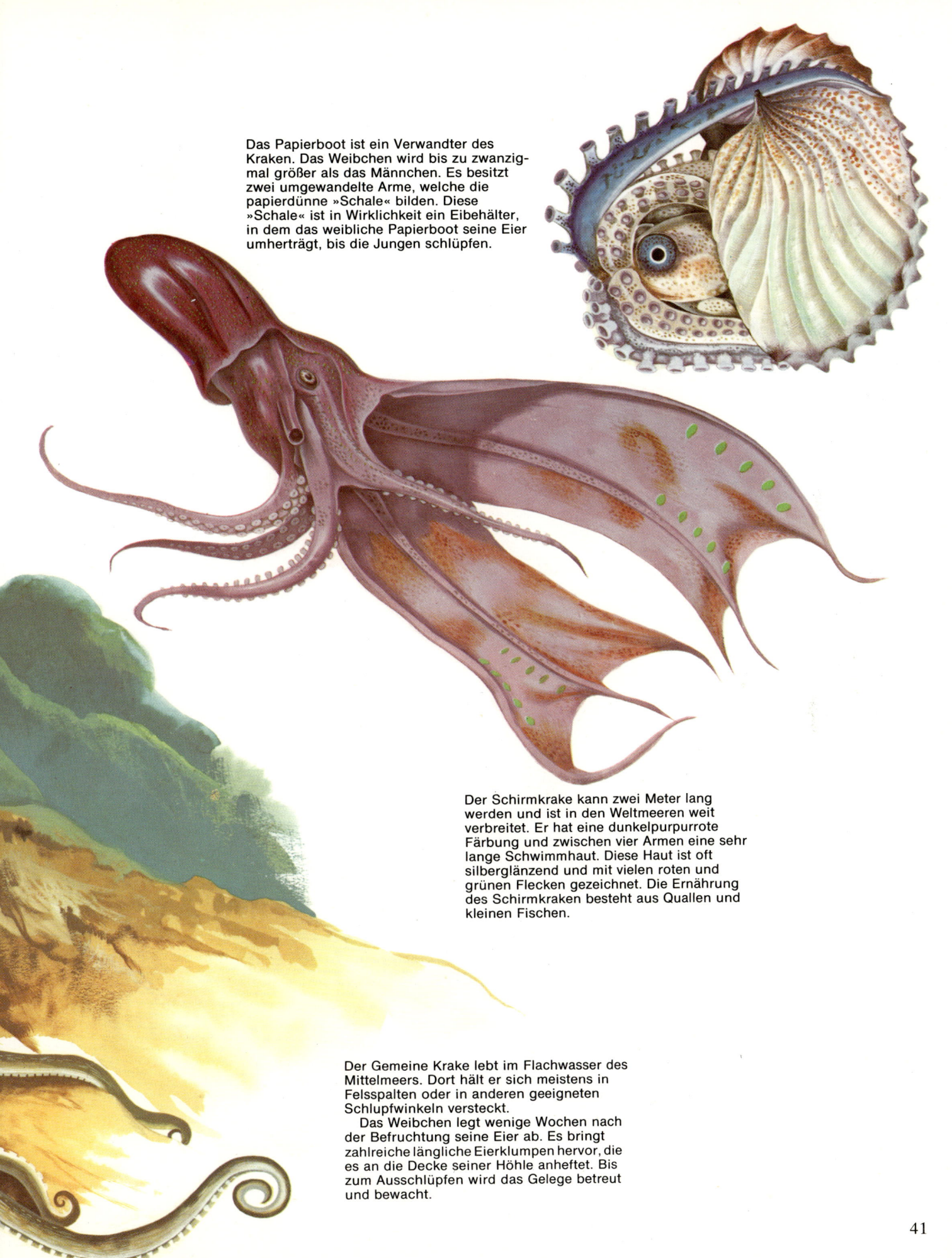

Das Papierboot ist ein Verwandter des Kraken. Das Weibchen wird bis zu zwanzigmal größer als das Männchen. Es besitzt zwei umgewandelte Arme, welche die papierdünne »Schale« bilden. Diese »Schale« ist in Wirklichkeit ein Eibehälter, in dem das weibliche Papierboot seine Eier umherträgt, bis die Jungen schlüpfen.

Der Schirmkrake kann zwei Meter lang werden und ist in den Weltmeeren weit verbreitet. Er hat eine dunkelpurpurrote Färbung und zwischen vier Armen eine sehr lange Schwimmhaut. Diese Haut ist oft silberglänzend und mit vielen roten und grünen Flecken gezeichnet. Die Ernährung des Schirmkraken besteht aus Quallen und kleinen Fischen.

Der Gemeine Krake lebt im Flachwasser des Mittelmeers. Dort hält er sich meistens in Felsspalten oder in anderen geeigneten Schlupfwinkeln versteckt.

Das Weibchen legt wenige Wochen nach der Befruchtung seine Eier ab. Es bringt zahlreiche längliche Eierklumpen hervor, die es an die Decke seiner Höhle anheftet. Bis zum Ausschlüpfen wird das Gelege betreut und bewacht.

41

Seltsame Weichtiere

**Es gibt viele merkwürdige Weichtiere.
Einige davon sollen auf diesen Seiten vorgestellt werden.**

Die im Bodenschlamm des Tiefwassers beheimateten Wurmmollusken stellen eine Gruppe kleiner Weichtiere dar, die als sehr primitiv gelten. Ihre einfache Radula weist nur wenige Zähne auf.

Die Wurmschnecken sind marine Schnecken. Ihre Larvenschalen sind wie bei den meisten anderen Schnecken gewunden. Wenn sich die Larven irgendwo niederlassen, heften sie sich fest an einen Stein oder an eine Weichtierschale. Vielfach leben Wurmschnecken in Kolonien zusammen, die aus aneinandergekitteten Einzeltieren bestehen. Sie sind ziemlich häufig und weit verbreitet.

Auch die Lastträger sind Meeresschnecken. Sie leben im tiefen Gewässer des indopazifischen Raums. Lastträger sammeln Schalen und Korallenstücke oder kleine Steine und heften sie an ihre Schale. Diese ungewöhnliche »Verkleidung« schützt sie vor Feinden.

Das vielleicht merkwürdigste Weichtier ist die winzige zweischalige Schnecke Berthelinia, eine nahe Verwandte der Seehasen. Sie hat den Körper einer Schnecke und trägt dazu eine Muschelschale. Bei der Larve ist die Schale genauso gewunden wie bei den meisten Schnecken.

Merkwürdige Geschöpfe

Selbst die gewöhnlichen Weichtierformen haben eigenartige Gestalten. Ihre Schalen sind zuweilen mit bizarren Ausbuchtungen oder Stacheln versehen. Auch unter den schalenlosen Arten gibt es eine Fülle von absonderlichen Formen. Die farbenprächtigen Meeresnacktschnecken sowie die Kraken und Tintenfische umfassen zahlreiche seltsam aussehende Wesen.

Verwechslungsgefahr

Manche Weichtiere sind so merkwürdig und ungewöhnlich gestaltet, daß man sie kaum noch als solche erkennt. So hielt man die Wurmschnecken und Bohrmuscheln anfänglich für Würmer. Und die zweischalige Schnecke Berthelinia wurde zunächst den Muscheln zugeordnet, als man erstmals ein leeres Gehäuse entdeckte. Später fand man ein lebendes Exemplar und stellte fest, daß es sich um eine Schnecke handelt.

Die Lastträgerschnecken haben eine raffinierte Form der Tarnung entwickelt. Mit den auf ihrem Körper befestigten Korallen- und Schalenstücken werden sie in ihrer Umgebung fast unsichtbar.

Gießkannenmuscheln sehen nicht so aus, als ob sie irgendeiner Weichtiergruppe zugehörten. Doch ihre Weichteile verraten unverkennbar, daß sie Muscheln sind. Die winzige zweiteilige Larvenschale bleibt vielfach am unteren Ende der Röhre sichtbar.

Seltsame Wachstumsformen entstehen bisweilen auch infolge ungünstiger Umweltbedingungen. Manche Gruppen, z. B. die Austern, müssen unter beengten Verhältnissen leben. Dadurch wird ihr Wachstum gehemmt, und es kommt zur Ausbildung unregelmäßiger Schalen.

Die Gießkannenmuschel besitzt in den ersten Entwicklungsstadien eine zweiklappige Schale wie die anderen Muscheln auch. Wenn sie heranwächst, scheidet sie eine lange Kalkröhre aus, die den Körper und die Siphonen bedeckt. Am oberen Ende sitzt ein seltsames Gebilde, das wie der Sprühkopf einer Gießkanne aussieht. Gießkannenmuscheln leben eingegraben in weichem, schlammigem Sand. Ihre Heimat ist das Flachwasser des tropischen indopazifischen Raums.

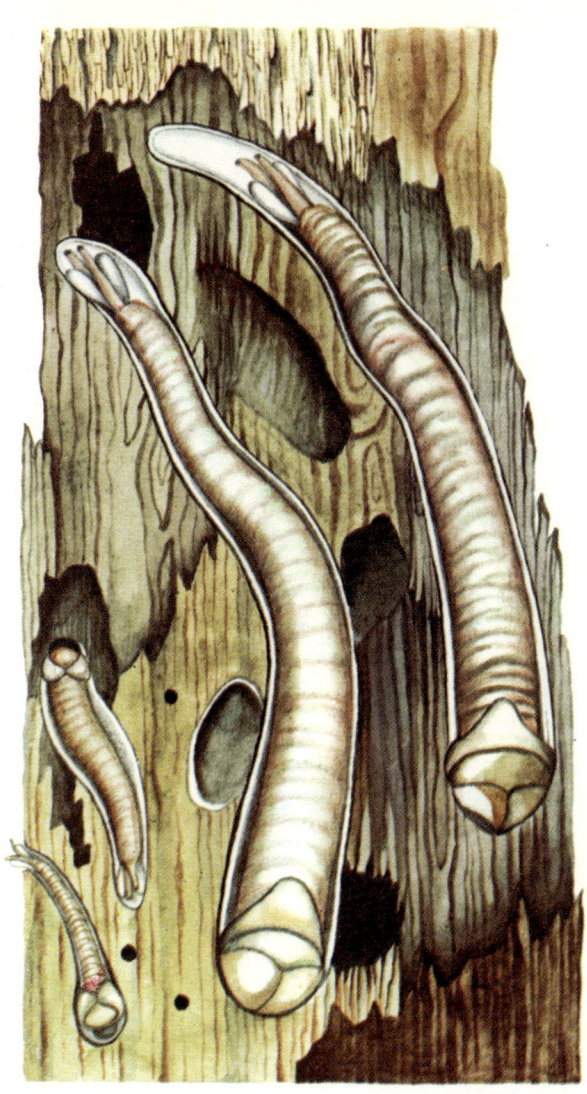

Die Bohrmuscheln sind verwandt mit den Dattelmuscheln. Sie haben einen langgestreckten wurmähnlichen Körper. Die Schale ist sehr klein und bedeckt nur das Vorderende des Tiers. Mit der scharfen Kante ihrer Schale bohren sich diese Muscheln in Holz ein.

Bohrmuscheln sind sehr artenreich. Sie richten überall in der Welt großen Schaden an Holzbauten an.

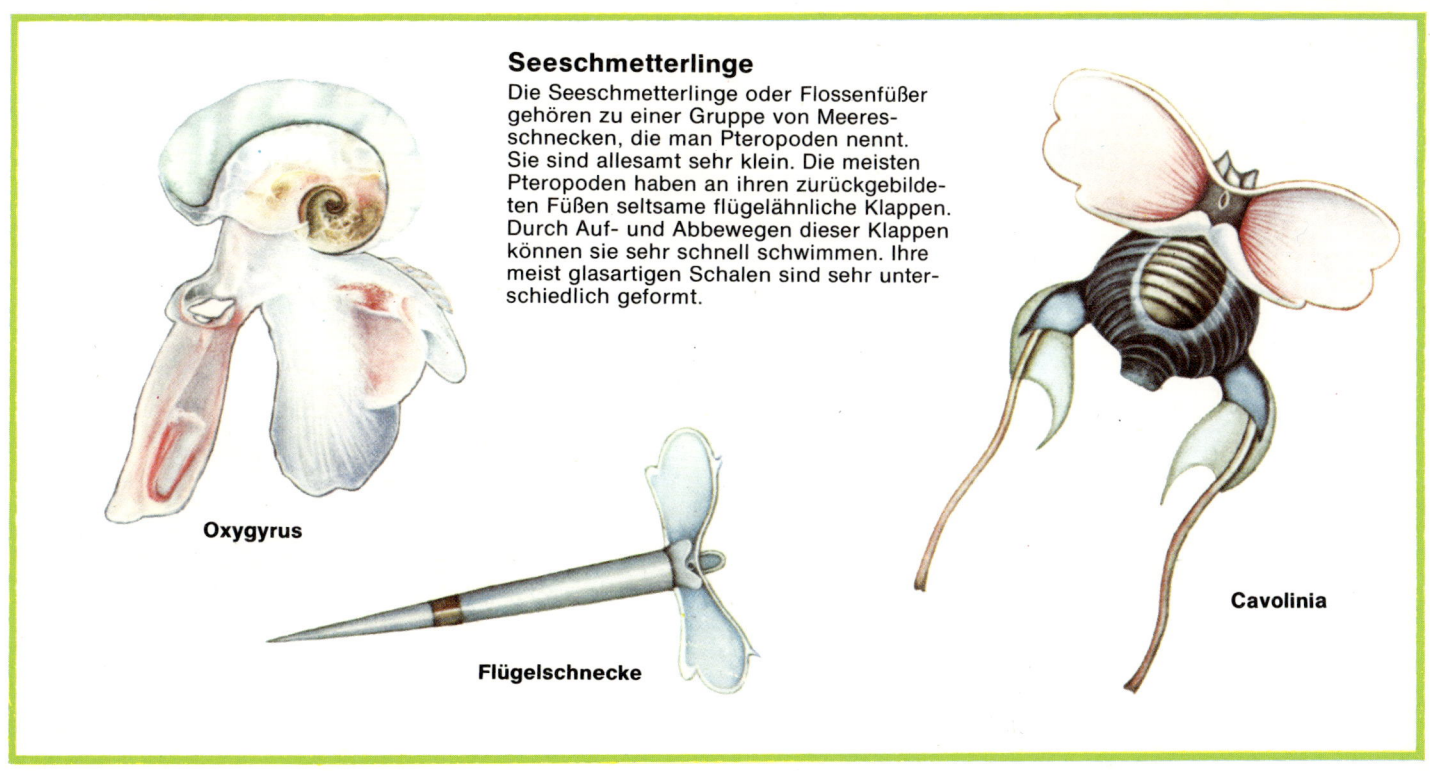

Seeschmetterlinge

Die Seeschmetterlinge oder Flossenfüßer gehören zu einer Gruppe von Meeresschnecken, die man Pteropoden nennt. Sie sind allesamt sehr klein. Die meisten Pteropoden haben an ihren zurückgebildeten Füßen seltsame flügelähnliche Klappen. Durch Auf- und Abbewegen dieser Klappen können sie sehr schnell schwimmen. Ihre meist glasartigen Schalen sind sehr unterschiedlich geformt.

Oxygyrus

Flügelschnecke

Cavolinia

43

Weichtierschalen als Kunstwerke der Natur

Viele Weichtierschalen haben schöne Formen und Farben. Von jeher haben sich Künstler und Kunsthandwerker davon inspirieren lassen.

Die ältesten kunstgewerblichen Arbeiten aus Weichtierschalen waren einfache Halsketten. Hierfür wurden die Schalen durchstochen und auf einer Schnur aufgereiht.

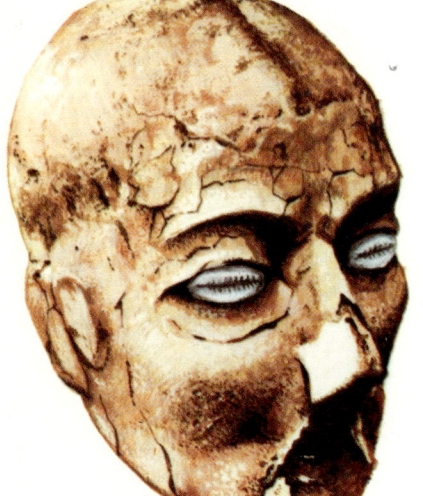

Im alten Jericho nahm man hochgestellten Personen nach dem Tod Totenmasken ab. Damit die Augen möglichst lebensecht wirkten, wurden den Masken Schalen eingesetzt. Dazu verwendete man häufig glatte rundliche Porzellanschneckenhäuser.

Das Bild eines Kraken schmückt dieses zweihenklige Tongefäß, das zwischen 1500 und 1400 v. Chr. auf der Insel Kreta entstand. In der spätminoischen Kultur waren Meerestiere beliebte Motive zur Verzierung von Töpferwaren.

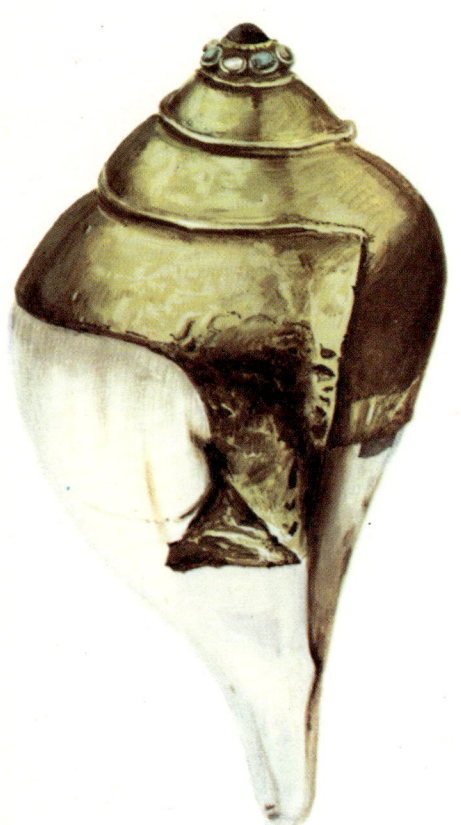

Die Vasenschnecke »Hinduglocke« spielt im Leben der Hindus eine sehr wichtige Rolle: Sie wird mit dem Gott Wischnu in Verbindung gebracht. Linksgewundene Vasenschnecken dieser Art sind selten und äußerst begehrt. Das abgebildete Gehäuse ist mit Gold und Edelsteinen geschmückt.

Tönende Schneckenhäuser

Von den alten Azteken, die im heutigen Mexiko lebten, wurden große Flügelschnecken bei religiösen Zeremonien als Trompeten verwendet. Bildliche Darstellungen finden sich in den religiösen Kalendern der Azteken.

Kameen sind Schnitzarbeiten aus Weichtierschalen. Sie werden mit Vorliebe aus den großen Helmschnecken angefertigt. Bei diesen Schnecken sind die Schalenschichten unterschiedlich gefärbt. Die Außenschicht ist weißlich, während die inneren Schichten rosa oder orange sein können.

Aus der äußeren weißen Schicht wird das Motiv herausgeschnitzt. Anschließend trägt der Schnitzer das umgebende Material bis auf die farbigen Schichten ab.

Solch künstliche Blumenarrangements aus bunten Schalen sind seit mehr als hundert Jahren beliebt. Für die Blütenblätter werden kleine rosa, weiße und gelbe Muschelschalen verwendet. Bei manchen Blumen bilden zierliche Schneckenhäuser die Fruchtknoten.

Ornamente

Das Sammeln von Schneckengehäusen und Muschelschalen ist seit alters her gang und gäbe. Man hat sie lange Zeit als Schmuckstücke oder Kultgegenstände benutzt.

Im 18. und im 19. Jahrhundert war die künstlerische Verwendung von Weichtierschalen große Mode. Viele wohlhabende Leute bauten sich »Grotten«, deren Wände und Decken mit abstrakten oder Blumenornamenten aus Schalen bedeckt waren.

Aus bunten Schalen fertigte man auch gern künstliche Blumen an, die vielfach durch einen Glassturz geschützt waren.

Schmuck

Schon sehr früh hat man Schnecken und Muscheln als Schmuck verwendet. So wurden z. B. in vorgeschichtlichen Gräbern einfache Halsketten entdeckt. Sie bestanden aus ganzen Schalen oder auch aus Schalenstücken von größeren Weichtieren.

Schalen, die Perlmutter enthalten, werden poliert und von Schnitzern zu kunstvollem Schmuck oder Zierat verarbeitet. Perlmuschelschalen ergeben wunderbare Einlegearbeiten für Kästen und Schränke.

Im England des 18. Jahrhunderts hatten die vornehmen Landhäuser oft einen kleinen Raum, der wie eine Höhle ausgestaltet war und als »Grotte« bezeichnet wurde. Wände und Decken waren vielfach mit exotischen Muscheln und Schnecken bedeckt. Eine der kunstvollsten »Grotten« statteten die Herzogin von Richmond und ihre beiden Töchter in Goodwood Park in Südengland aus. Sie brauchten für diese Arbeit sieben Jahre.

Das Sammeln von Weichtierschalen

Schöne und seltene Schalen werden auf der ganzen Welt von Liebhabern gesammelt.

Über die Lebensgewohnheiten vieler Weichtiere ist nur wenig bekannt. Das Studium der Schwimmbewegungen der Kammmuscheln erweitert unser Wissen über das Verhalten dieser Tierart.

Sammler haben sich häufig auf bestimmte Weichtiergruppen spezialisiert. Manche sammeln nur seltene oder ungewöhnliche Schalen. Andere wieder tragen Schalen mit interessanten Farbmustern zusammen. Dabei sind Schneckengehäuse durchweg beliebter als Muschelschalen. Zu den faszinierendsten und farbenprächtigsten Meeresschnecken gehören die Neritenschnecken von den Philippinen.

Muschel- und Schneckensammlungen

Weichtiere wurden ursprünglich für Nahrungszwecke gesammelt. Leere Schalen hat man haufenweise im Umkreis vieler vorgeschichtlicher Siedlungen gefunden. Ihr Alter wird auf mehrere tausend Jahre geschätzt.

Viele der entdeckten Schalen waren durchbohrt. Sie gehörten in der Mehrzahl eßbaren Arten an, einige aber auch nicht. Die Porzellanschnecken und andere Weichtiere, unter denen sich auch einige Fossilien befinden, deuten darauf hin, daß man die Tiere gesammelt hat, um sie als Schmuckgegenstände zu benutzen.

Wahrscheinlich besaßen schon die Gelehrten im alten Griechenland und in Rom Muschel- und Schneckensammlungen. Doch erst um die Mitte des 18. Jahrhunderts wurde das Sammeln von Weichtierschalen zu einer regelrechten Mode.

Viele der frühen Sammler waren sehr reich. Sie kauften die exotischen Schalen, welche die Handelsleute aus Ost- und Westindien mit heimbrachten. Die dekorativ angeordneten Sammlungen wurden in Kuriositätenkabinetten aufbewahrt.

Manche Sammler bauten ihre Kollektionen auch nach Typen auf. Sie faßten ähnliche Schalen in Gruppen zusammen und begannen, die zwischen ihnen bestehenden Unterschiede zu erkunden. Die Erforschung der Weichtierschalen bezeichnet man als Konchologie oder Konchyliologie.

Heutzutage ist das Sammeln von Schnecken- und Muschelschalen ein sehr beliebtes Hobby. Die meisten sammeln ihre Schalen am liebsten selber. Doch da so viele Menschen dieses Hobby betreiben, sind bereits einige Weichtierarten vom Aussterben bedroht.

Philippinische Neritenschnecken

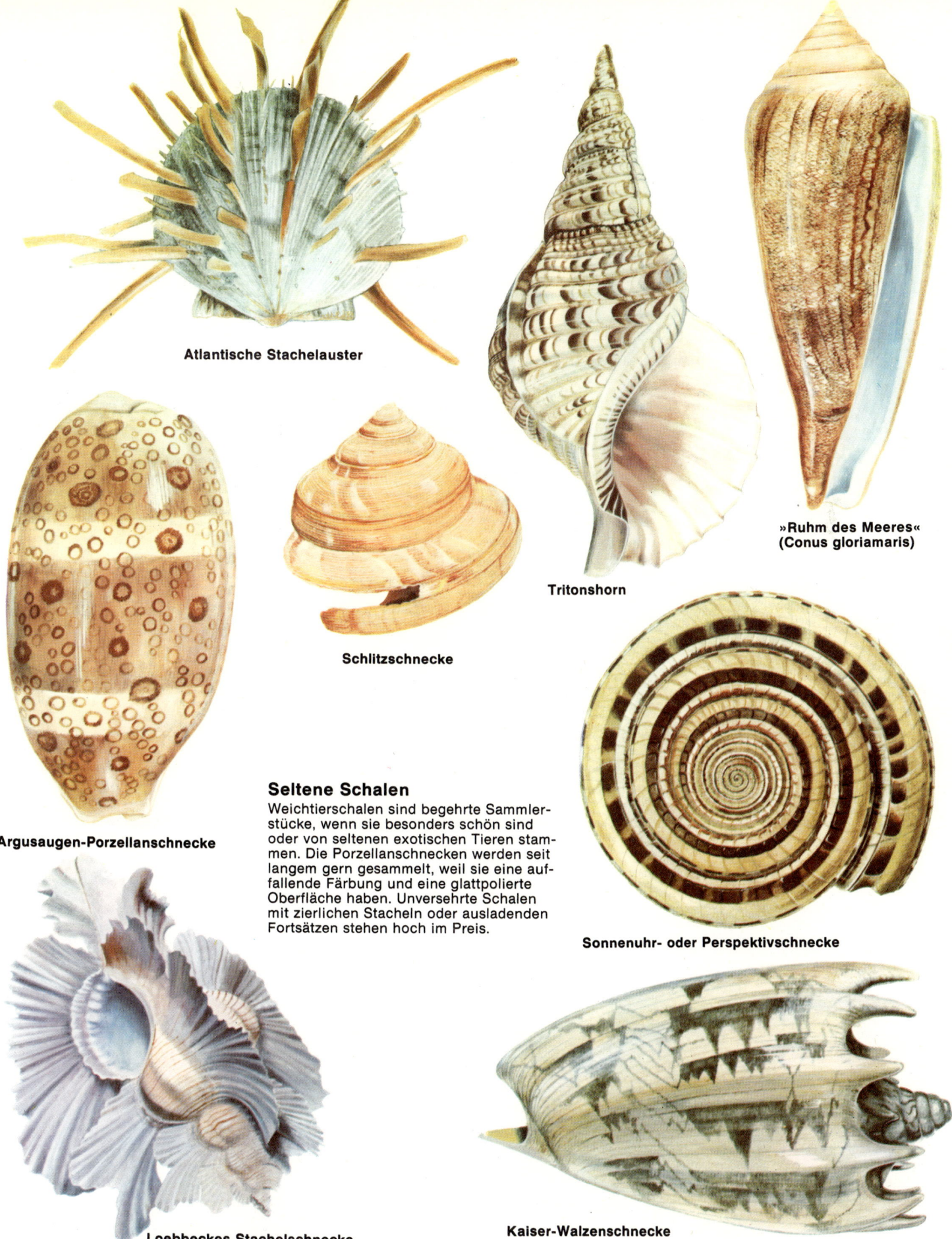

Atlantische Stachelauster

Argusaugen-Porzellanschnecke

Schlitzschnecke

Tritonshorn

»Ruhm des Meeres«
(Conus gloriamaris)

Sonnenuhr- oder Perspektivschnecke

Loebbeckes Stachelschnecke

Kaiser-Walzenschnecke

Seltene Schalen

Weichtierschalen sind begehrte Sammler-
stücke, wenn sie besonders schön sind
oder von seltenen exotischen Tieren stam-
men. Die Porzellanschnecken werden seit
langem gern gesammelt, weil sie eine auf-
fallende Färbung und eine glattpolierte
Oberfläche haben. Unversehrte Schalen
mit zierlichen Stacheln oder ausladenden
Fortsätzen stehen hoch im Preis.

Mythen und Legenden

In den Mythen und Legenden, die sich um die Weichtiere ranken, werden die Tatsachen oft übertrieben.

Die indopazifische Riesenmuschel kann 1,30 Meter lang werden. Ihre Schale ist sehr schwer. Kein Wunder, daß man diese gewaltigen Tiere als »Mördermuscheln« bezeichnet hat. Doch es gibt keine Beweise dafür, daß jemals ein Mensch von einer solchen Riesenmuschel getötet worden wäre. Allerdings kann sich ein Taucher schwere Verletzungen zuziehen, wenn er mit den Füßen zwischen die geöffneten Klappen gerät.

Ammoniten waren schwimmende Tiere des hohen Meeres. Der Name wurde von »Ammonshörner« abgeleitet, nach dem ägyptischen Gott Ammon, den man mit Widderhörnern dargestellt hatte. Den Höhepunkt ihrer Entwicklung erreichten diese Tiere in der Jurazeit.

Legenden von Meeresungeheuern, die Schiffe in die Tiefe ziehen können, haben sich jahrhundertelang gehalten. Berühmt wurde Jules Vernes Geschichte vom »Riesentintenfisch« in seinem Buch »Zwanzigtausend Meilen unter dem Meer«. Verne beschreibt darin den Kampf zwischen einem Unterseeboot und einem Riesenkalmar.

Riesenkalmare gibt es tatsächlich. Sie können bis zu 22 m lang werden, gemessen vom Körperende bis zu den Spitzen der Fangarme. Die Tiere leben in der Tiefsee, wo sie von Pottwalen gejagt werden. Auf der Haut dieser Wale finden sich oft Spuren ihrer Saugnäpfe.

Systematik

Was ist eine Systematik?

Unter diesem Begriff verstehen wir die sachgerechte Einteilung verwandter Tiere und Pflanzen in Gruppen. Die Wissenschaft von der Benennung der Tiere und Pflanzen bezeichnet man als Taxonomie.

Um eine feste Ordnung in die Pflanzen- und Tiernamen zu bringen, haben die Wissenschaftler das System übernommen, das der schwedische Naturforscher Carl Linné 1758 begründet hat. Linné gab jeder einheitlichen

Gruppe von Lebewesen zwei lateinische Namen. Er benutzte das Latein, weil es damals die allgemeingültige Sprache der Gelehrten war.

Ein solcher Doppelname bezieht sich jeweils auf die am engsten verwandte Gruppe von Organismen, also auf solche Lebewesen, die untereinander unbegrenzt fortpflanzungsfähig sind. Diese Gruppe bildet eine Art. Eine Gruppe von eng miteinander verwandten Arten wird Gattung genannt.

Die Weichtiere werden in sechs große Gruppen oder Klassen eingeteilt. Diese Einteilung beruht auf der Ähnlichkeit ihrer wesentlichen Merkmale. Jede Klasse hat einen charakteristischen Bauplan und Schalentyp, wobei jedoch einzelne Vertreter vom typischen Grundmuster abweichen können.

Unten sind die Verwandtschaftsbeziehungen zwischen den wichtigsten Weichtiergruppen dargestellt.

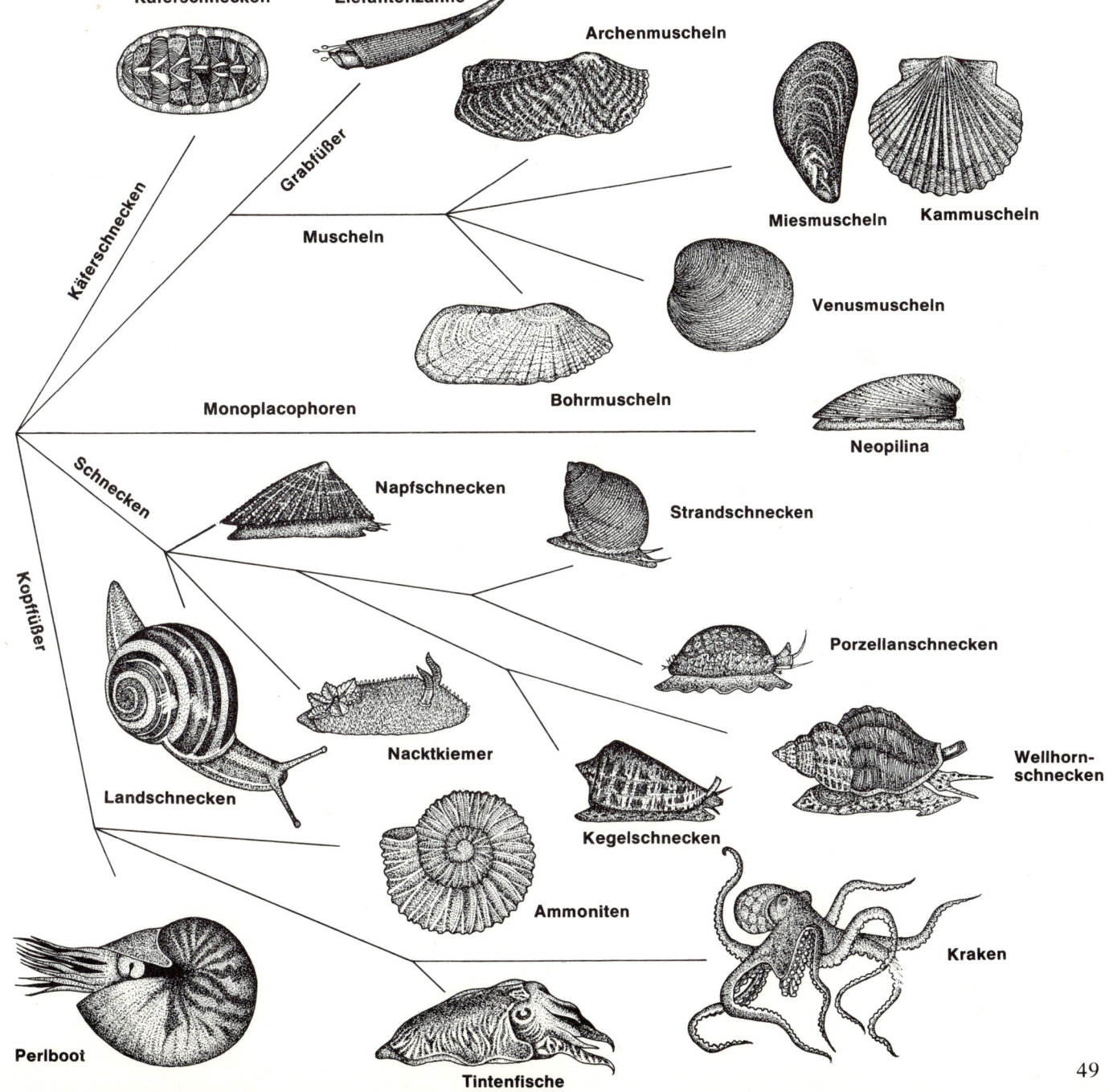

Käferschnecken · Elefantenzähne · Archenmuscheln · Grabfüßer · Muscheln · Miesmuscheln · Kammuscheln · Käferschnecken · Venusmuscheln · Monoplacophoren · Bohrmuscheln · Neopilina · Schnecken · Napfschnecken · Strandschnecken · Kopffüßer · Porzellanschnecken · Landschnecken · Nacktkiemer · Kegelschnecken · Wellhornschnecken · Ammoniten · Kraken · Perlboot · Tintenfische

Fachausdrücke

Adduktoren
Die Schließmuskeln, welche die beiden Muschelschalen zusammenhalten.

Algen
Niedere Pflanzen, die im Wasser oder an feuchten Stellen leben und vielen Weichtieren als Nahrung dienen.

Ammoniten
Eine ausgestorbene große Gruppe von Kopffüßern. Sie besaßen eine gewundene äußere Schale mit vielen Kammern, ähnlich der des Perlboots.

Bivalvia oder Bivalva
Muscheln; eine der sechs Weichtierklassen. Sie leben sowohl im Salz- als auch im Süßwasser. Muscheln besitzen eine harte zweiteilige Schale, die den weichen Körper umschließt. Ihre Schalen sind entweder gerippt oder glatt, bunt oder einfarbig. Die meisten Muscheln ernähren sich mit Hilfe ihrer Kiemen.

Byssus
Fäden, die manche Weichtiere ausbilden, um sich an Steine anzuheften.

Captaculae
Die tentakelartigen Fangfäden der Grab- oder Kahnfüßer (Elefantenzähne), mit denen sie ihre Nahrung ergreifen.

Cephalopoden
Kopffüßer; eine Klasse von Weichtieren, die zum Teil eine innere Schale, zum Teil eine gewundene äußere Schale und zum Teil überhaupt keine Schale besitzen. Cephalopoden haben einen Kopf mit Augen, Armen und Tentakel, aber keinen Fuß. Sie schwimmen, indem sie Wasser aus ihrem Trichter ausstoßen. Ihre Heimat ist ausschließlich das Meer.

Cirren
Die fingerähnlichen Auswüchse auf dem Rücken der Fadenschnecken. Es sind Ausläufer der Mitteldarmdrüse.

Epiphragma
Winterdeckel; der verhärtete Schleim, mit dem viele Landschnecken ihr Gehäuse verschließen. Dadurch schützt sich das überwinternde Tier vor dem Austrocknen.

Filtrierer
Weichtiere, die ihre Nahrung mit Hilfe der Kiemenzilien aus dem Wasser filtern.

Fossil
Die auf natürliche Weise erhaltenen Überreste oder Spuren von Pflanzen und Tieren, die in vorgeschichtlicher Zeit ausgestorben sind.

Gastropoden
Schnecken; eine der sechs großen Weichtiergruppen. Die Schnecken haben oft eine spiralig gewundene Schale. Sie besitzen einen kräftigen Fuß, um sich fortzubewegen, und einen Kopf mit Tentakel und Augen. Gastropoden leben im Süßwasser, auf dem festen Land, im offenen Meer und an Felsküsten.

Hectocotylus
Der Begattungsarm der männlichen Kopffüßer, der bei der Paarung den Samen auf das Weibchen überträgt.

Hermaphrodit
Zwitter; ein Tier, das sowohl männliche als auch weibliche Fortpflanzungsorgane besitzt. Das bedeutet, daß Hermaphroditen in der Lage sind, einander zu befruchten und Eier zu legen.

Käferschnecken
Weichtiere, deren Schalen aus mehreren Platten bestehen. Die Tiere haben einen großen Fuß ohne Tentakel und Augen. Sie sind nicht sehr häufig.

Kieme
Ein Atmungsorgan, in dem das Blut durch Blutgefäße fließt, die unmittelbar unter einer dünnen Gewebeschicht liegen. Sauerstoff wird aus dem umgebenden Wasser aufgenommen, und Abfallstoffe, z. B. Kohlendioxyd, werden ins Wasser ausgeschieden. Die filtrierenden Weichtiere benutzen ihre Kiemen auch dazu, Nahrungsteilchen aus dem Wasser aufzunehmen.

Klappe
Einer der beiden Schalenteile einer Muschel.

Kommensalismus
Eine Beziehung zwischen zwei Lebewesen, die keinem der beiden Partner schadet und manchmal für einen oder beide von Vorteil ist.

Konchologie oder Konchyliologie
Die Weichtierkunde, die sich vorwiegend mit den Schalen befaßt.

Kontinentalschelf
Bezeichnung für den Meeresboden rings um die Kontinente. Er ist viel seichter als der Tiefseeboden inmitten der Ozeane.

Kristall
Die feste, regelmäßig geformte und von ebenen Flächen begrenzte Gestalt eines Elements oder einer chemischen Verbindung.

Kristallisation
Die Bildung von Kristallen.

Laich
Ei- oder Samenzellen, die von den Weichtieren mit äußerer Befruchtung ins Wasser abgegeben werden.

Larven
Die Jungen mancher Weichtiere in dem Zeitraum zwischen dem Ausschlüpfen aus dem Ei und dem Erwachsenenstadium.

Malakologie
Die Lehre von den Weichtieren, die auch die Anatomie der weichen Körperteile und deren Beziehung zur Schale einschließt.

Mantel
Eine dünne Gewebeschicht, welche die Weichteile des Weichtierkörpers bedeckt.

Mantelhöhle
Die Region zwischen dem Körper und dem Mantel der Weichtiere.

Marin
Im oder am Meer lebend.

Mollusk
Weichtier. Die meisten Mollusken haben zu ihrem Schutz eine harte äußere Schale. Wir unterscheiden sechs Weichtiergruppen oder -klassen: Schnecken, Muscheln, Kopffüßer, Grabfüßer, Käferschnecken und Monoplacophoren.

Monoplacophoren
Eine der sechs großen Weichtiergruppen, vertreten durch die Urschnecke Neopilina, die eine einfache kappenförmige Schale besitzt. Die Monoplacophoren gelten als urtümliche, primitive Weichtiere.

Nacktkiemer
Schalenlose Meeresschnecken. Man unterscheidet zwei Gruppen: Sternschnecken und Fadenschnecken. Die Sternschnecken haben federförmige äußere Kiemen, die in die Körperhöhle eingezogen werden können. Fadenschnecken besitzen keine Kiemen, aber ihr Rücken ist mit seltsamen Auswüchsen besetzt, die Cirren genannt werden.

Nahrungskette
Das »Fressen und Gefressenwerden« innerhalb eines Ökosystems.

Nahrungsnetz
Die Wechselbeziehungen zwischen zwei oder mehr Nahrungsketten.

Ökologie
Die Wissenschaft von den Beziehungen der Tiere und Pflanzen zueinander und zu ihrer Umwelt.

Ökosystem
Eine biologisch ausgeglichene Beziehung von Pflanzen- und Tiergemeinschaften innerhalb ihrer Umwelt.

Operculum
Ein fester Horn- oder Kalkdeckel an der Hinterseite des Fußes vieler Schnecken. Er dient zum Verschließen des Gehäuses.

Paläontologie
Die Lehre von den Fossilien.

Parasitismus
Schmarotzertum; eine Beziehung zwischen zwei verschiedenen Lebewesen, die für einen Partner nachteilig ist.

Parthenogenese
Jungfernzeugung; die Fähigkeit eines Organismus, sich durch Selbstbefruchtung zu vermehren.

Periostracum
Die äußere Schicht der meisten Weichtierschalen, die als erste vom Mantel ausgeschieden wird. Die Kalziumkarbonatschichten bilden sich innerhalb des Periostracums.

Perle
Kugelige Kalziumkarbonatausscheidung, die einen in das weiche Mantelgewebe eingedrungenen Fremdkörper umgibt. Perlen bilden sich am häufigsten in bestimmten Muscheln, aber sie können auch bei manchen Schnecken auftreten.

Proboscis
Rüssel; das untere Ende des Schneckenkopfs, das die Mundöffnung enthält.

Radula
Ein zungenförmiges Gebilde im Weichtiermund. Die Radula ist mit kleinen Zähnen besetzt. Form und Anordnung der Zähne hängen von der Ernährungsweise des betreffenden Tiers ab. Manche räuberische Arten haben einen einzigen harpunenartigen Radulazahn.

Scaphopoden
Grab- oder Kahnfüßer; eine der sechs großen Weichtierklassen. Die Scaphopoden besitzen eine leichtgebogene Schale, die an beiden Enden offen ist. Sie haben weder Kiemen noch Kopf und kommen nicht sehr häufig vor.

Schleimspur
Die Schnecken, vor allem die Landschnecken, sondern einen Schleim ab, der ihnen die Fortbewegung auf trockenem oder rauhem Untergrund erleichtert.

Schulp
Die innere Schale der Tintenfische, oft auch Sepiaschale genannt. Sie besteht aus zahlreichen winzigen Kammern, die jeweils eine Mischung aus Flüssigkeit und Gas enthalten. Der Druck dieser Mischung verändert sich, wenn der Tintenfisch in die Tiefe taucht.

Sipho
Röhrenförmige Fortsetzung des Mantelrandes. Bei vielen Muscheln dienen die Siphonen zum Einsaugen des Wassers und zur Ausscheidung von Abfallstoffen aus der Mantelhöhle.

Siphunculus
Die Röhre, die bei manchen Kopffüßern die inneren Kammern der Schale miteinander verbindet.

Tentakel
Einziehbare Ausstülpungen am Kopf der meisten Schnecken. Bei den Landschnecken sitzen die Augen an der Spitze des oberen Tentakelpaars. Manche Muscheln tragen Tentakel am Rand ihres Mantels. Beim Perlboot und bei den Tintenfischen sind sowohl Tentakel als auch Arme am Kopf angewachsen.

Trochophoren
Die freischwimmenden Larven der meisten Meeresschnecken.

Veliger
Das Larvenstadium, das auf die Trochophorenphase folgt. Das Kennzeichen der Veliger ist das Velum (Segel).

Velum
Lappenförmige Ausstülpung beiderseits des Larvenfußes. Das Velum ist typisch für das Veligerstadium in der Larvenentwicklung vieler Weichtiere.

Zilien oder Cilien
Feine Haare, die von manchen Weichtieren zur schwimmenden Fortbewegung oder zum Einstrudeln der Nahrung benutzt werden.

Weiterführende Literatur
R. T. Abbot, *Muscheln und Schnecken des Meeres*, Delphin-Verlag, Stuttgart und Zürich 1975
R. Cameron, *Muschel* Ariel-Verlag, Frankfurt o. J.
H. Janus, *Muscheln, Schnecken, Tintenfische*, Franckh-Verlag, Stuttgart 1964
H. Janus, *Unsere Schnecken und Muscheln*, Franckh-Verlag, Stuttgart 1962
G. Lindner, *Muscheln und Schnecken der Weltmeere*, BLV-Verlagsgesellschaft, München 1975
E. Thöni-Vogt, *Muscheln – ein Wegweiser zu ungeahnten Sammlerfreuden*, Verlag P. Haupt, Bern–Stuttgart 1960

Fakten und Zahlen

Das älteste Weichtier

Die Monoplacophoren galten seit 320 Millionen Jahren als ausgestorben. Im Jahre 1952 jedoch konnten einige Exemplare der Urschnecke Neopilina mit einer Dredsche aus einer Tiefe von etwa 5000 m geborgen werden. Neopilina wurde nach dem Fossil Pilina benannt, das vor 400 Millionen Jahren lebte.

Die größte Schale

Die marine Riesenmuschel der indopazifischen Korallenriffe ist der größte Schalenträger überhaupt. Man hat ein Exemplar entdeckt, das über 1,20 m groß war und mehr als eine Tonne wog.

Die seltenste Schale

Die Weißzahn-Porzellanschnecke aus der Tiefsee vor den Philippinen trägt eines der begehrtesten Gehäuse. Nur drei Exemplare sind bekannt. Für ein solches Schneckenhaus wurden schon mehr als 6000 Mark bezahlt!

Das langlebigste Weichtier

Von einer Süßwassermuschel nimmt man an, daß sie bis zu 100 Jahre alt werden kann. Das Lebensalter der Riesenmuschel wird auf etwa 30 Jahre geschätzt.

Schneckentempo

Die schnellste Landschnecke, die Gewöhnliche Gartenschnecke, kann in einer Stunde ungefähr 50 m zurücklegen. Einige andere Arten hingegen schaffen in der gleichen Zeit nur 58 cm.

Gefährliche Schnecken

Die gefährlichsten Schneckenarten sind die giftigen Kegelschnecken aus dem indopazifischen Raum und eine winzige Süßwasserschnecke, die in den Tropen vorkommt.

Weber- und Landkarten-Kegelschnecken beispielsweise können gefährlich beißen. Mit ihrem harpunenartigen Radulazahn spritzen sie ihrer Beute ein tödliches Gift ein.

Ein paar kleine Süßwasser-Schnekkenarten werden von parasitären Würmern befallen. Diese Würmer übertragen die sogenannte Bilharziose-Krankheit, der viele Menschen zum Opfer fallen. Bilharziose gehört zu den schlimmsten und häufigsten Tropenkrankheiten.

Die größte Perle

Die größte Naturperle wurde 1934 bei den Philippinen in einer Riesenmuschel gefunden. Sie maß 23 × 14 cm und wog 8 kg. Man nennt sie die »Perle Allahs«.

Der kleinste Krake

Die kleinste Krakenart ist *Octopus arborescens* aus Ceylon. Sein Durchmesser beträgt weniger als 5 cm.

Der gefährlichste Krake

Der gefährlichste Krake lebt im Indopazifik. Er verfügt über ein tödliches Gift, das einen Menschen in wenigen Minuten umbringen kann. Bisher ist nur ein Fall bekannt, wo ein Mensch den Biß dieses Kraken überlebt hat.

Die intelligentesten wirbellosen Tiere

Die Kraken gelten als die intelligentesten Wirbellosen. Sie besitzen ein kompliziertes Gehirn und ein hochentwickeltes Nervensystem. Man hat mit Kraken schon zahlreiche Experimente durchgeführt, um ihr »Denkvermögen« zu prüfen.

Das größte Weichtier

Das größte wirbellose Tier ist der Riesenkalmar. Der bisher größte vollständige Riesenkalmar wurde 1933 an der Küste Neufundlands tot angetrieben. Mit ausgestreckten Armen maß er 21,95 m.

Schalensammeln

Zwischen 1768 und 1780 unternahm James Cook drei Forschungsreisen in die Südsee. Seinem Kommando unterstanden die drei Schiffe »Endeavour«, »Resolution« und »Adventure«. Joseph Banks, ein wohlhabender Engländer, und der schwedische Naturforscher Daniel Carl Solander, die Cook begleiteten, sammelten auf dieser Reise Weichtierschalen und andere naturkundlich interessante Gegenstände in großer Zahl.

Schalensammlungen

Die ersten wichtigen Abhandlungen über die Weichtiere verdanken wir dem Griechen Aristoteles (384–322 v. Chr.). Ausführlich beschrieb er die Lebensgewohnheiten der mittelmeerischen Schnecken, Muscheln und Kopffüßer. Aristoteles war auch der erste, der den Begriff »Weichtier« verwendete, den er vor allem auf die Kopffüßer bezog. Die ersten Schalensammlungen wurden um 185 v. Chr. von römischen Konsuln angelegt.

Die bedeutendste Sammlung hat Linné besessen. Sie umfaßt die meisten Arten, auf die der Naturforscher sein System gründete. Die Zoologen verwenden seitdem die von ihm eingeführte Form der Artenbenennung und anerkennen seine Artenbeispiele als Typusformen. Linnés Kollektion ist somit zu einer wissenschaftlichen Orientierungshilfe geworden.

Die wohl umfangreichste Sammlung, die ein einzelner Mensch zusammengebracht hat, ist die berühmte Cuming-Sammlung. Hugh Cuming erbeutete die meisten Exemplare davon selber und versah jedes Stück mit Namen und Fundortangabe. Seine Kollektion enthielt fast 100000 Exemplare, von denen der weitaus größte Teil (über 80000) im Britischen Museum in London aufbewahrt wird. Auch viele andere Museen besitzen Stücke aus Cumings Sammlung.

Linksgewundene Schneckenhäuser

Bei den meisten Schnecken ist das Gehäuse normalerweise rechts, also im Uhrzeigersinn, gewunden. Doch gelegentlich werden auch linksgewundene Gehäuse entdeckt. Sie sind allerdings außerordentlich selten. Die Chance, eine linksgewundene Schale von üblicherweise rechtswindenden Arten zu finden, ist sehr gering. Es wurden schon Millionen von Strandschnecken gesammelt, aber darunter befanden sich nur ungefähr ein Dutzend linksgewundene Gehäuse. Die kostbarste linksgewundene Schnecke ist die indische Vasenschnecke »Hinduglocke«. Sie spielt im religiösen Leben der Hindus eine besondere Rolle.

Manche Schnecken besitzen von Natur aus linksgewundene Gehäuse. Das gilt z. B. für zwei Wellhornschnekkenarten von der Ostküste der Vereinigten Staaten. Bei vielen Land- und Süßwasserarten treten zuweilen linksgewundene Gehäuse auf.

Bei der Weinbergschnecke ist der Anteil der linksgewundenen Gehäuse verhältnismäßig hoch: in einem bestimmten Gebiet entfällt eine auf je 3000 Exemplare.

Wir halten Süßwasserschnecken

Die Beobachtung lebender Weichtiere
Wenn man Süßwasserschnecken in einem Aquarium hält, kann man lebende Weichtiere über einen längeren Zeitraum hinweg beobachten. Die Pflege dieser Tiere ist sehr einfach und billig. Du brauchst dazu nur ein Glasbecken. Die Schnecken, die Wasserpflanzen und das Wasser kannst du dir aus einem Teich oder Fluß beschaffen.

Einrichtung des Aquariums
Das Aquarium muß richtig eingerichtet sein, bevor du die Schnecken einsetzen darfst. Das bedeutet, daß du für die Schnecken die gleiche Umwelt schaffen mußt, die sie in ihrem Teich vorfinden.

Auf den Boden kommt eine Schicht Kies, Sand oder Schlamm. Anschließend werden Wasserpflanzen, z. B. Entengrütze, Tausendblatt oder Wasserpest, eingepflanzt. Sorge dafür, daß die Pflanzen gut verankert sind.

Fülle nun das Teichwasser vorsichtig ein, und zwar so, daß der Bodengrund nicht aufgewühlt wird. Warte ein paar Tage, bis die Pflanzen angewurzelt sind, und setze dann erst die Schnecken ins Becken.

Die Schnecken
Achte darauf, daß du nicht zu viele Schnecken einbringst, damit das Aquarium nicht übersetzt ist. Du hast die Wahl unter mehreren Arten. Ein paar kleinere Schlammschnecken und Posthornschnecken ergeben eine gute Mischung. Du kannst aber auch Flußschnecken und kleine Süßwassermuscheln hinzusetzen.

Lebensvorgänge der Schnecken
Das Aquarium sollte an einem hellen, luftigen Platz aufgestellt werden. Laß es nicht in der prallen Sonne stehen, denn sonst würde sich das Wasser zu sehr erwärmen. Die Schnecken brauchen kein zusätzliches Futter, weil ihnen die Pflanzen genügend Nahrung bieten.

Schon bald werden die Aquariuminsassen beginnen, sich fortzupflanzen. Eines Tages entdeckst du dann kleine gallertartige Klumpen an den Wasserpflanzen. Das sind die Eierpakete der Schnecken. Du kannst nun beobachten, wie die jungen Tiere heranwachsen und sich entwickeln. Die ausgewachsenen Schnecken kriechen oft an den Aquariumscheiben hoch, so daß du die Muskelbewegungen ihres Fußes sehr schön verfolgen kannst.

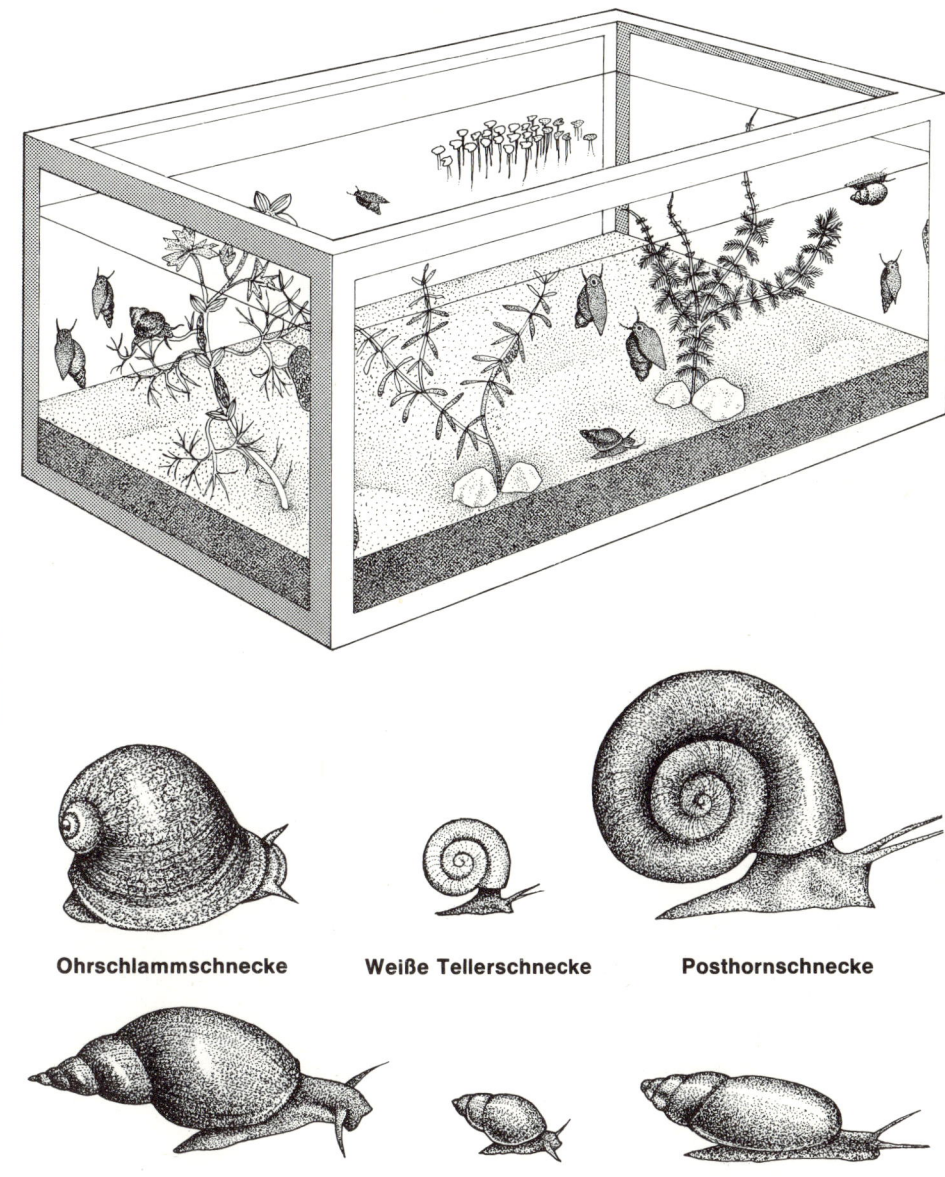

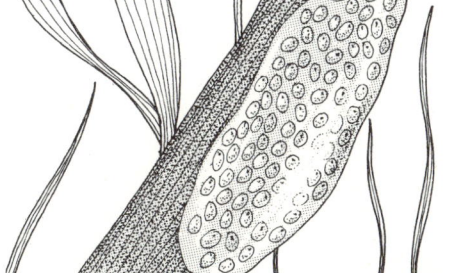

Gelege der Schlammschnecke

Ohrschlammschnecke

Weiße Tellerschnecke

Posthornschnecke

Große Schlammschnecke

Zwergschlammschnecke

Sumpfschnecke

Was man aus Schalen alles machen kann

Tiere

Wenn du Schalen verschiedener Form und Größe hast, kannst du aus ihnen allerlei Tiere basteln. Klebe die einzelnen Schalen zusammen und lackiere oder bemale die fertigen Tiere.

Kästchen

Holzkistchen oder stabile Pappschachteln kann man mit Muschelschalen und Schneckenhäusern sehr schön verzieren. Überlege dir zuerst genau die Anordnung der Schalen, damit zwischen ihnen keine zu großen Zwischenräume entstehen. Das Kästchen wird mit einer Schicht Klebstoff oder Spachtelmasse überzogen. Die Schalen werden fest in die Masse gedrückt und zum Schluß überlackiert.

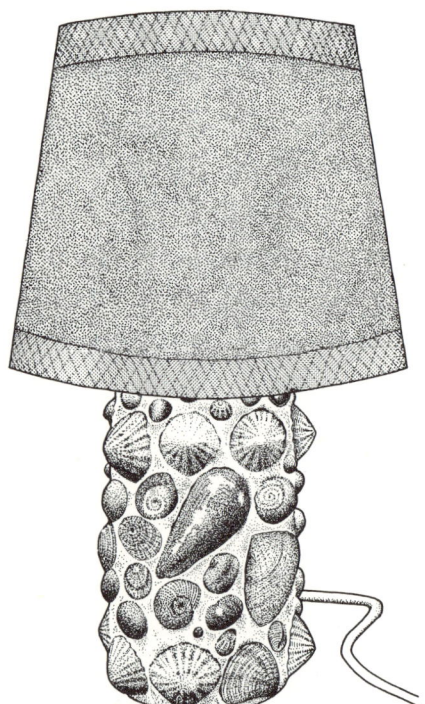

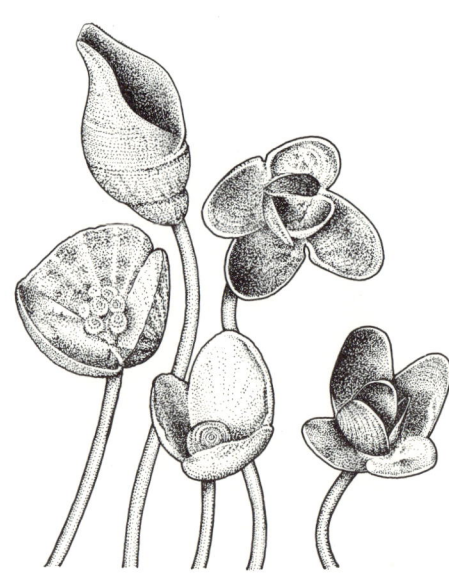

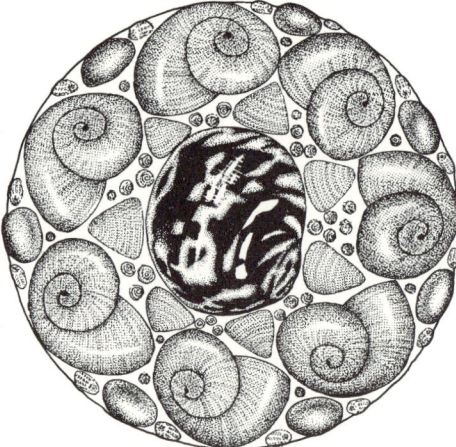

Brosche

Aus Schalen und Rohlingen, die man in jedem Bastelladen kaufen kann, lassen sich alle möglichen Schmuckstücke herstellen. Eine Brosche ist ganz einfach anzufertigen, wenn du einen gekauften Rohling mit Schalen beklebst. Setze die erste Schale in die Mitte und füge die anderen Schalen ringförmig hinzu. Die Fläche muß bis zum Rand bedeckt sein. Wenn du die entsprechenden Rohlinge verwendest, kannst du auch Armreifen und Ohrringe basteln.

Lampenfuß

Eine alte Weinflasche, verziert mit Muscheln und Schneckenhäusern, ergibt einen dekorativen Lampenfuß. Zuerst wird die Flasche gewaschen und getrocknet und das Etikett abgelöst. Wenn du genügend Schalen beisammen hast, trägst du auf die Flasche eine guthaftende Kleb- oder Spachtelmasse auf. Verteile die Masse gleichmäßig mit einem stumpfen Messer und drücke die Schalen leicht hinein. Ist der Kleber trocken, kann das Ganze noch mit einem farblosen Lack überzogen werden. Auf dem Flaschenhals wird eine Glühbirnenfassung befestigt. Ein einfacher Lampenschirm vervollständigt schließlich das Werk.

Blumen

Aus zarten Schalen lassen sich hübsche Blumen fertigen. Als erstes gibt man eine kleine Menge Klebstoff in den Hohlraum einer Schale. Füge die anderen Schalen nacheinander so hinzu, daß sie sich überlappen und die Form einer Blüte ergeben. Kleine spiralige Schneckenhäuser werden als Fruchtknoten in die Mitte der Blüte geklebt. Überziehe die fertige Blüte mit einem Lack und befestige sie auf einem Stengel aus Draht oder Zweigstücken.

Halskette

Bunte Schneckenhäuser und Muschelschalen lassen sich auf einen Faden aufziehen und in hübsche Halsketten verwandeln. Wenn du Schalen verwendest, die du am Strand gesammelt hast, müssen diese zuerst gründlich gereinigt und dann mit einem farblosen Lack überzogen werden. Die Schalen werden mit einer Nadel oder einem kleinen Drillbohrer durchlöchert und auf ein Stück Nylonfaden aufgereiht, und zwar entweder in Längs- oder in Querrichtung. Dazwischen können kleine Perlen oder Samenkörner eingefügt werden.

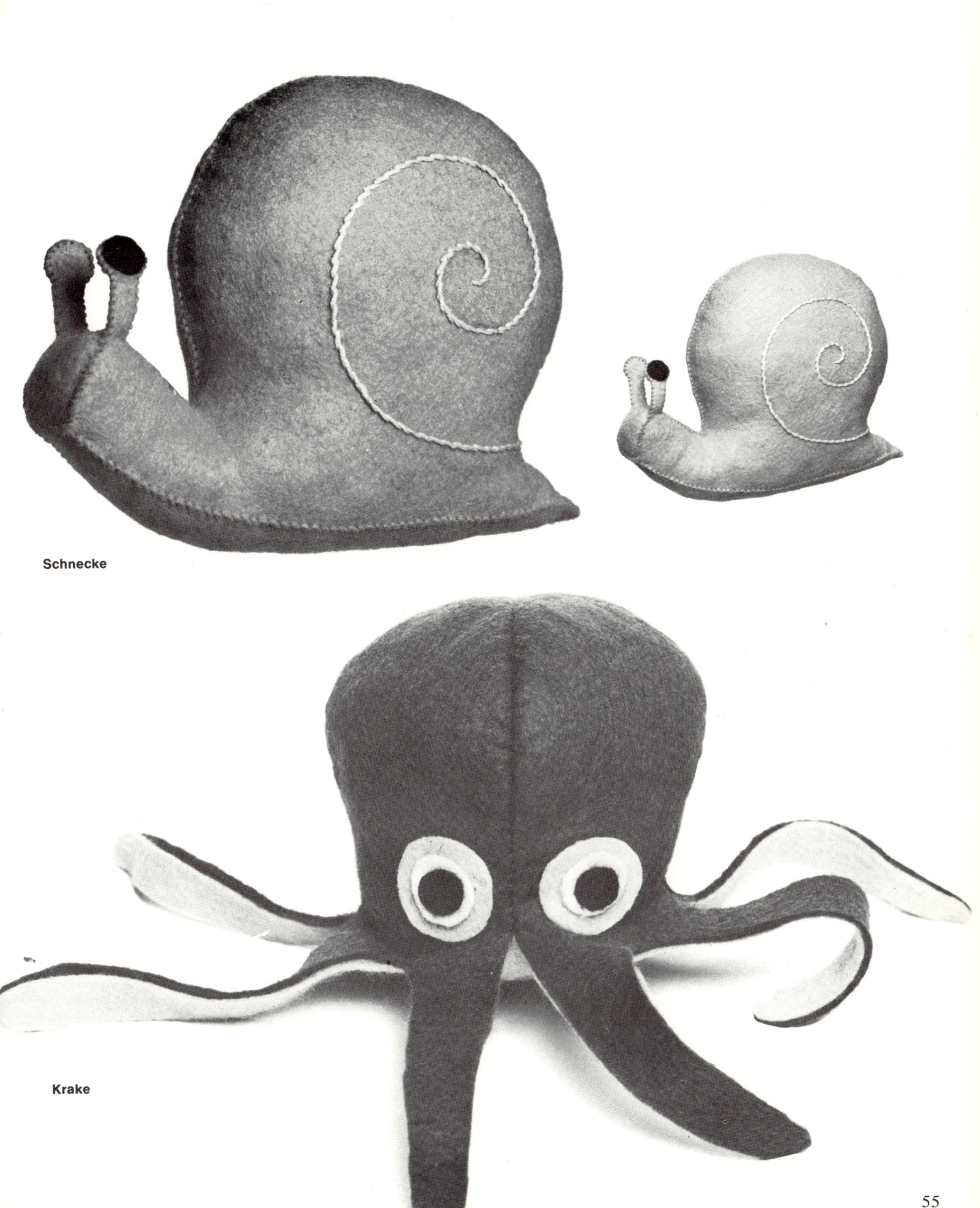

Schnecke

Krake

55

Wir basteln einen Kraken

Das brauchen wir

Filzstücke in zwei verschiedenen Grautönen, kleine weiße und schwarze Filzreste, Füllmaterial und Stoffkleber.

Übertragen der Vorlage

Zeichne mit Lineal und Zeichendreieck auf einen großen Bogen Papier ein Netz aus Quadraten mit Seitenlängen von 2,5 cm, 3,5 cm oder 5 cm – je nachdem, wie groß der Krake werden soll. Übertrage die Vorlagen unten auf das Papier und schneide die Formen aus.

Zuschneiden

Lege die Papierformen auf den Filz und ziehe die Umrisse mit einem weichen Bleistift nach. Schneide das Oberteil viermal aus dem dunkelgrauen Filz aus. Nimm für das Unterteil den helleren Filz.

Zusammensetzen

Nähe die obere Hälfte der Oberteile an den Kanten zusammen, so daß die Arme frei bleiben. Wende das Innere nach außen und stopfe den Kopf aus. Bestreiche das Unterteil auf einer Seite ganz mit Klebstoff und drücke das Oberteil so darauf, daß die Arme genau aufeinanderpassen.

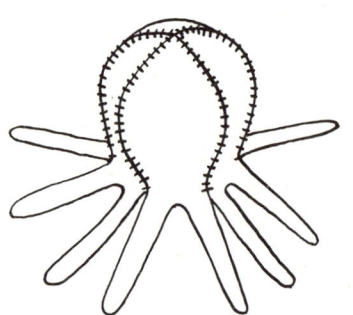

Augen

Schneide aus dem hellgrauen Filz zwei große Kreise, aus dem weißen Filz zwei mittelgroße und aus dem schwarzen zwei kleine Kreise aus. Klebe die drei Kreise aufeinander und befestige sie beiderseits einer Naht am Kopf.

Saugnäpfe

Wenn du einen großen Kraken gebastelt hast, kannst du aus dunklem Filz viele kleine Kreise ausschneiden und sie als Saugnäpfe auf die Unterseiten der Arme kleben.

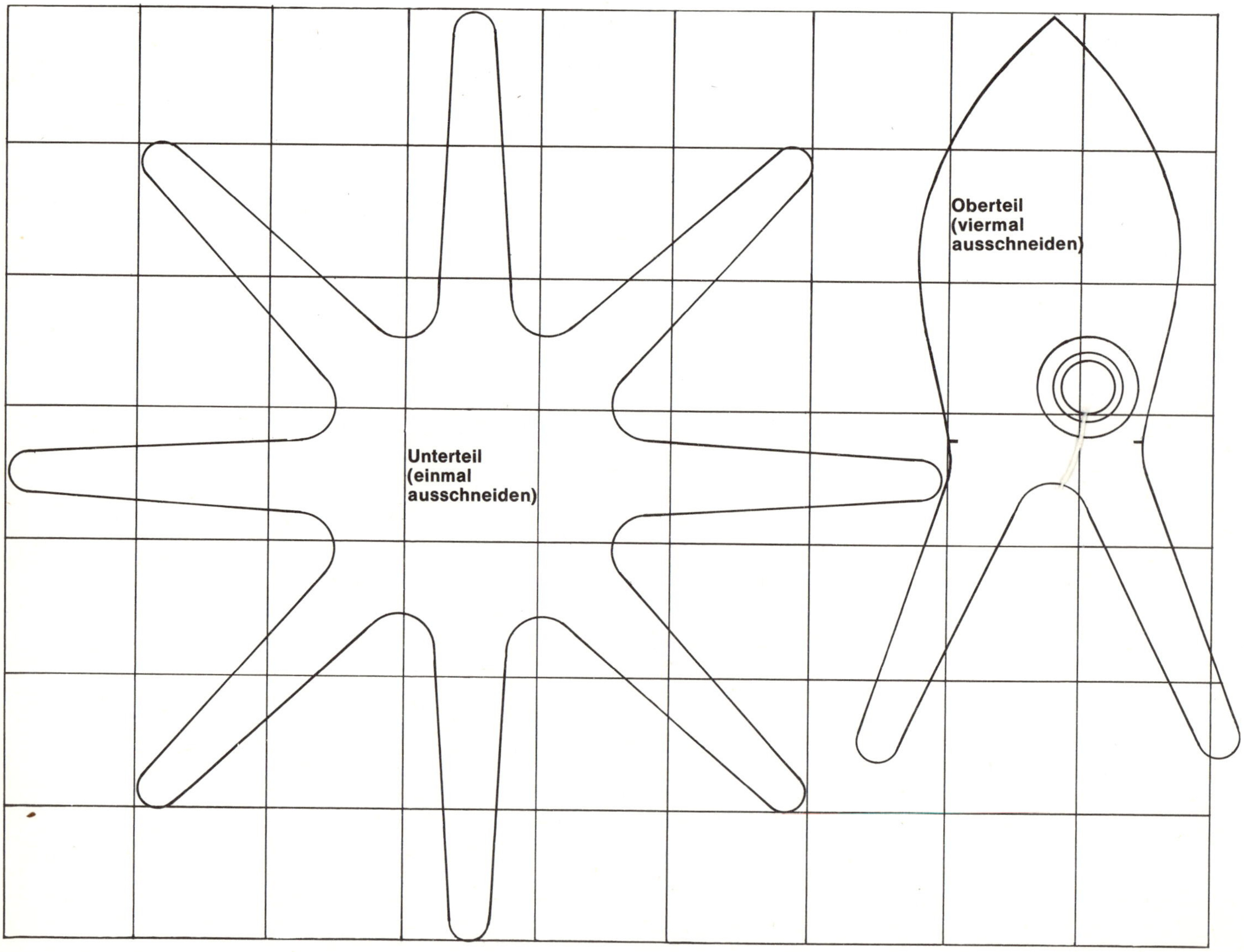

Unterteil
(einmal
ausschneiden)

Oberteil
(viermal
ausschneiden)

Wir basteln eine Schnecke

Das brauchen wir

Filz in einer Farbe, die dir gefällt, weiter ein kleines Stück schwarzen Filz, Stickgarn und Stopfmaterial.

Übertragen der Vorlage

Zeichne auch hier mit Lineal und Zeichendreieck ein Netz aus Quadraten mit Seitenlängen von 2,5 cm, 3,5 cm oder 5 cm, je nach der gewünschten Größe der Schnecke. Übertrage die untenstehende Zeichnung auf das Papier und schneide die Formen aus.

Zuschneiden

Lege die Papierformen auf den Filz und ziehe die Umrisse mit einem weichen Bleistift nach. Schneide aus dem Filz zwei Schneckenformen sowie ein Vorderteil und einen Fuß aus.

Zusammensetzen

Nähe zuerst das Vorderteil an die beiden großen Teile und befestige dann mit Stichen die Hauptteile aneinander. Passe den Fuß von hinten her ein und nähe ihn an. Laß dabei eine kleine Öffnung zum Stopfen frei. Stopfe die Schnecke aus und verschließe die Öffnung mit ein paar Stichen.

Abschlußarbeiten

Sticke die Spirale nach Vorlage auf das Schneckenhaus. Schneide aus dem schwarzen Filz zwei kleine Kreise aus und klebe sie auf die Fühlhörner.

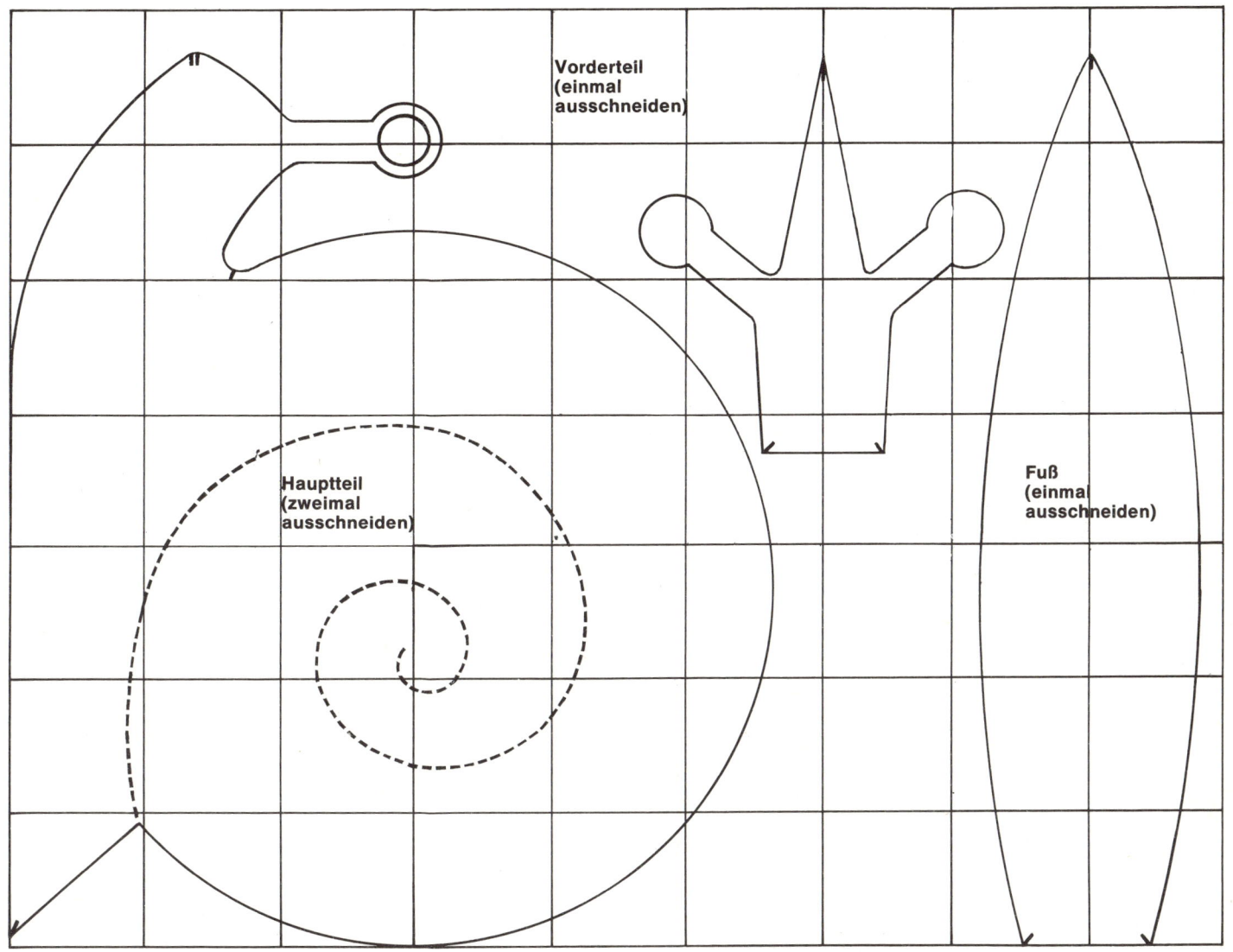

Wir sammeln Schnecken und Muscheln

Warum wir Schalen sammeln

Wer Weichtiere besser kennenlernen will, sollte sie sammeln. Das bedeutet freilich nicht, daß du die Schalen im Geschäft erwirbst. Du solltest sie vielmehr in ihrer natürlichen Umwelt untersuchen und sammeln. Auf diese Weise erfährst du, wie die verschiedenen Weichtiere leben und wo sie vorkommen. Durch das Studium der Tiere in der freien Natur lernst du auch die einzelnen Arten unterscheiden.

Planung und Beobachtung

Bevor du mit dem Sammeln beginnst, empfiehlt es sich, daß du deine Exkursion sorgfältig planst. Besorge dir ein Meßtischblatt der betreffenden Gegend. Kennzeichne darin ein kleines Gebiet und nimm dir vor, dort so viele Weichtierarten zusammenzubringen, wie du kannst. Das ist besser, als in einer größeren Region auf gut Glück zu sammeln.

Durch sorgfältige Planung und Beobachtung kannst du dir ein vollständiges Bild von den Weichtierformen innerhalb einer bestimmten Umwelt machen. Wenn du auch die übrigen Tiere und die Pflanzen dieser Region genauer anschaust, gewinnst du einen guten Einblick in ein begrenztes Ökosystem.

Bestimmung und Ausrüstung

Bevor du mit dem Sammeln beginnst, solltest du dir ein Bestimmungsbuch kaufen, damit du die gefundenen Schalen besser identifizieren kannst. Ziehe wetterfeste Sachen an und suche dir die Geräte zusammen, die du brauchst. Die meisten findest du zu Hause. Praktisch ist ein Plastikeimer zum Einsammeln der Fundstücke. Eine Pinzette und eine Taschenlupe erleichtern dir den Umgang mit kleineren Schalen und deren Bestimmung.

Das Sammeln

Bei jeder Schale, die du mitnimmst, vermerkst du in deinem Notizblock Ort und Zeit des Fundes. Wenn du deine Funde sortierst, solltest du alle beschädigten Schalen ausscheiden. Die besten Stücke kommen in Plastikbeutel oder Sammelröhrchen und werden auf der Stelle mit einem beschrifteten Etikett versehen.

Geschieht das nicht sofort, kann es dir passieren, daß du wichtige Einzelheiten vergessen hast, wenn du zu Hause angekommen bist.

Sammle nur leere Schalen!

Manche Weichtiere, die du entdeckst, können selten sein oder in dem von dir aufgesuchten Gebiet nur in geringer Zahl vorkommen. Aus diesem Grunde ist es am besten, wenn man nur die Leerschalen von abgestorbenen Tieren sammelt. Andererseits solltest du die lebenden Weichtiere, die du auf deiner Exkursion findest, genau beobachten. Die Kenntnis ihres Verhaltens und Lebensraums hilft dir bei der Bestimmung der Schalen, die du sammelst und mit heimnimmst.

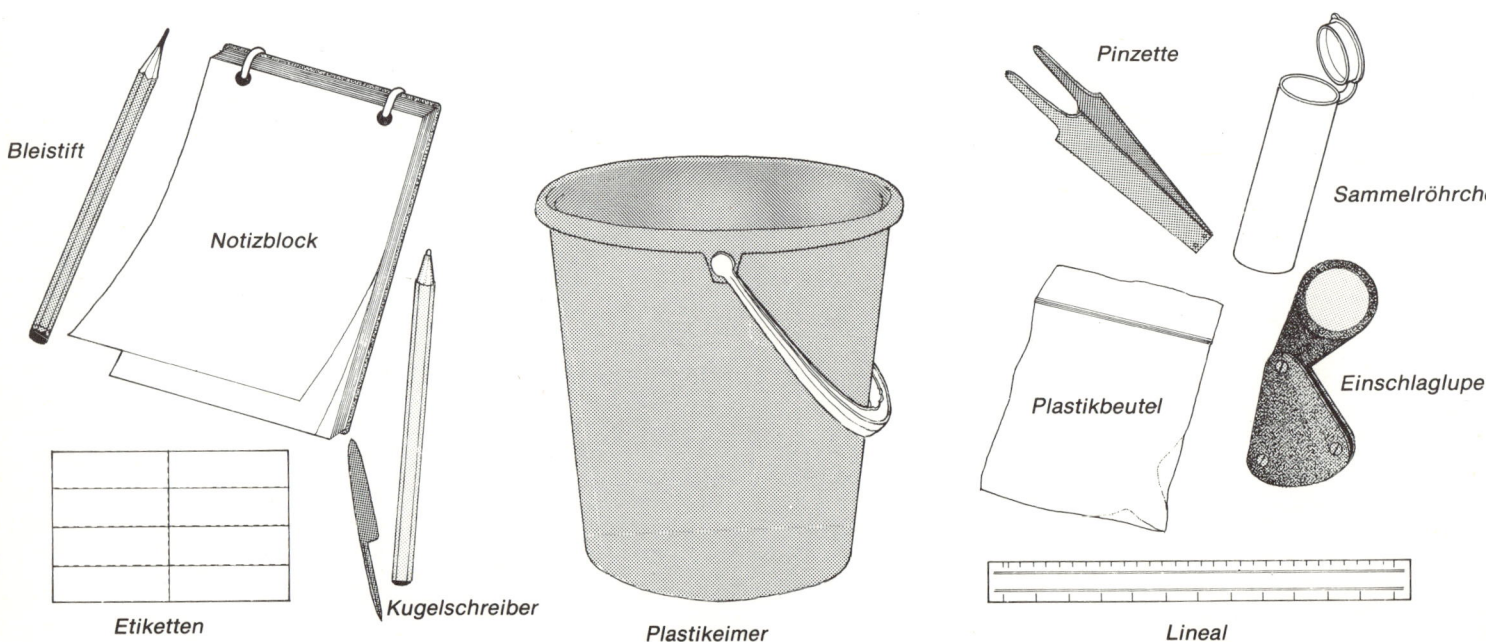

Bleistift

Notizblock

Etiketten

Kugelschreiber

Plastikeimer

Pinzette

Sammelröhrche

Plastikbeutel

Einschlaglupe

Lineal

Der Aufbau einer Schalensammlung

Behandlung der Funde

Wenn du mit deinen Fundstücken heimgekehrt bist, sollten die Schalen vor der Einordnung in deine Sammlung gleich entsprechend präpariert werden.

Die leeren Schalen werden in warmem Wasser mehrere Stunden lang eingeweicht und dann unter dem Wasserhahn abgespült, damit der Schmutz, der sich in ihnen angesammelt hat, entfernt wird. Sind in der Schale noch irgendwelche Reste des Weichtiers zurückgeblieben, so werden sie mit einer Pinzette vorsichtig abgelöst.

Äußerlich verschmutzte Schalen können mit einer alten Zahnbürste behutsam gereinigt werden. Gib aber acht, daß du dabei nicht die oberste Schalenschicht abreibst oder zerkratzt. Die sauberen Schalen werden anschließend an einem sicheren Platz zum Trocknen ausgebreitet. Lege sie so hin, daß das Wasser aus dem Schaleninnern abfließen kann.

Sammelbehälter

Zur Aufbewahrung deiner Schalen kannst du dir einfache Behältnisse kaufen oder selber basteln. Ideal ist ein alter Schrank mit flachen Schubladen. Jede Schale kommt in eine Streichholzschachtel oder in ein offenes Kästchen aus Pappe oder Kunststoff und anschließend in eine Schublade. Solltest du über keinen Schrank verfügen, kannst du die Schachteln vorerst auch in großen Schuhkartons unterbringen.

Beschriftung

Nachdem du deine Schalen bestimmt hast, werden die einzelnen Stücke sauber beschriftet. Jedes Etikett sollte die folgenden Einzelheiten enthalten: 1. den Namen der Art; 2. den Fundort und eine kurze Beschreibung des Lebensraums; 3. das Datum des Fundes. Wenn du deine Sammlung katalogisieren willst, solltest du zusätzlich die Katalog- oder Karteikartennummer eintragen.

Katalogisierung

Für ein einfaches Verzeichnis genügt ein Notizbuch. Aber du kannst auch mit Hilfe von postkartengroßen Kartonblättern und einer Schuhschachtel eine richtige Kartei anlegen. Ein solcher Katalog erweist sich als sehr nützlich, wenn du ein bestimmtes Stück aus deiner Sammlung suchst.

Die Anordnung der Sammlung

Es gibt verschiedene Möglichkeiten, die Schalen deiner Sammlung zu ordnen. Du kannst sie beispielsweise nach den Gebieten einteilen, die du auf deinen Exkursionen besuchst. Oder du ordnest sie nach den verschiedenen Klassen, Familien und Gattungen. Beim Anwachsen deiner Sammlung wirst du schon selber das beste Einteilungsprinzip herausfinden. Achte jedoch stets darauf, daß du die einzelnen Stücke nicht von ihrer Beschriftung trennst, wenn du dich mit deiner Sammlung beschäftigst.

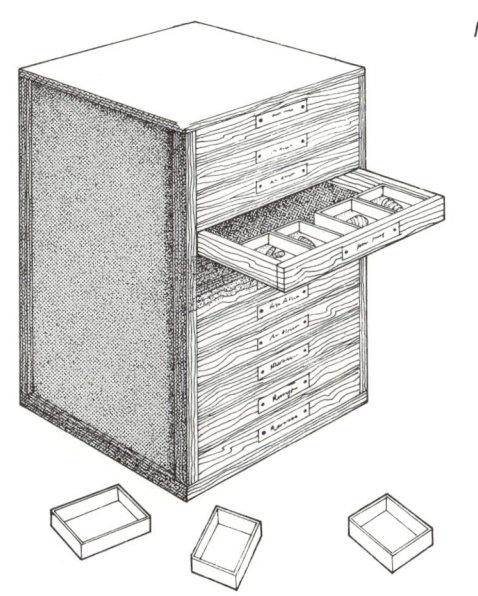

Sammlerschrank

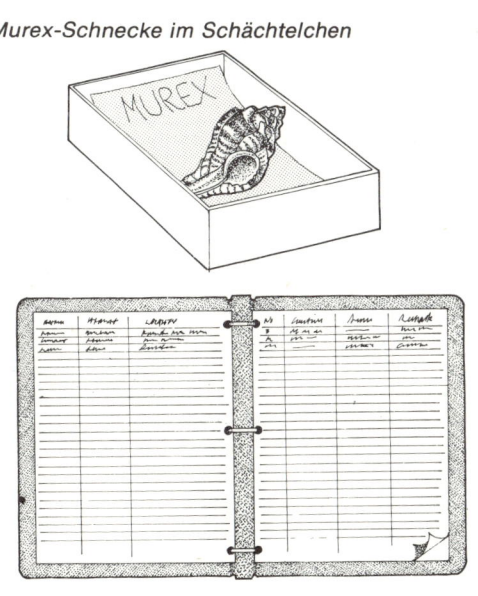

Murex-Schnecke im Schächtelchen

Verzeichnis

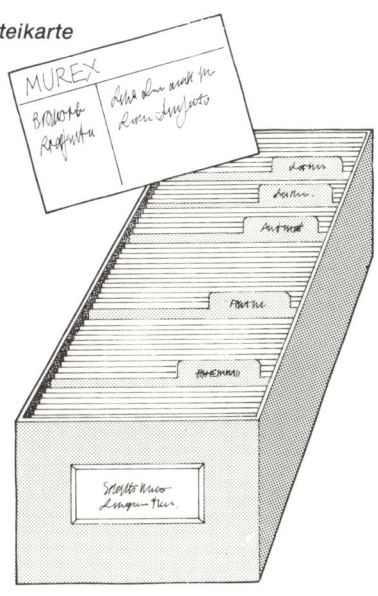

Karteikarte

Karteikasten

Register